“道路交通安全智能化管控关键技术与集成示范”项目技术丛书
课题六　低等级公路安全防控关键技术研发与集成示范

U0868024

农村公路客运安全发展技术与模式研究

矫成武　孙传姣　吴京梅　白如月　米晓艺　编著

人民交通出版社股份有限公司
北　京

内 容 提 要

本书围绕农村公路客运安全发展的两个重要问题：农村公路客运的安全保障技术和农村客运发展模式，介绍农村公路客运线路的安全审核、安全适应性评估和设施安全改善技术以及农村客运发展模式研究成果。

本书可作为农村公路客运和农村公路运输管理部门、运营企业、规划设计单位相关从业人员开展安全工作的参考书。

图书在版编目(CIP)数据

农村公路客运安全发展技术与模式研究/矫成武等编著.—北京：人民交通出版社股份有限公司，2020.11

ISBN 978-7-114-16821-5

Ⅰ.①农… Ⅱ.①矫… Ⅲ.①农村道路—客运服务—安全技术—研究 Ⅳ.①U13

中国版本图书馆 CIP 数据核字(2020)第 169903 号

Nongcun Gonglu Keyun Anquan Fazhan Jishu yu Moshi Yanjiu

书　　名：**农村公路客运安全发展技术与模式研究**

著 作 者：矫成武　孙传姣　吴京梅　白如月　米晓艺

责任编辑：戴慧莉

责任校对：孙国靖　扈　婕

责任印制：刘高彤

出版发行：人民交通出版社股份有限公司

地　　址：(100011)北京市朝阳区安定门外外馆斜街 3 号

网　　址：http://www.ccpcl.com.cn

销售电话：(010)59757973

总 经 销：人民交通出版社股份有限公司发行部

经　　销：各地新华书店

印　　刷：北京交通印务有限公司

开　　本：787×1092　1/16

印　　张：9.5

字　　数：223 千

版　　次：2020 年 11 月　第 1 版

印　　次：2020 年 11 月　第 1 次印刷

书　　号：ISBN 978-7-114-16821-5

定　　价：45.00 元

丛书编委会名单

丛书前言

自人类进入汽车社会以来,道路交通事故就如影随形,道路交通安全问题已经成为当今世界一个严重的社会问题。为了遏制道路交通事故的发生,降低道路交通事故的危害,人类做出了不懈的努力。进入21世纪,国际社会对道路交通安全问题愈发重视,在全球范围内掀起了提高道路交通安全性的新高潮。但是,遏制道路交通事故发生、缓解道路交通安全压力仍是一项长期、漫长和艰巨的任务。

高速公路是公路交通运输系统的"大动脉",承担了我国70%以上的公路运输交通量,已成为我国综合交通运输系统的重要组成部分。然而,随着高速公路的迅速发展,高速公路交通安全状况不容乐观。一是事故死亡人数占比较大,根据公安部发布的统计数据,2014年我国高速公路事故死亡人数占比达到了9.71%。二是事故率和死亡率仍然较高,2014年亿车公里事故率和死亡率分别为1.8和1.3,虽然低于普通国、省干线公路,但近年来有所上升,且仍远高于发达国家。与高等级公路相比,低等级公路数量大、覆盖面广,是农民群众出行的主要通道,甚至是唯一途径,对促进地区发展和便于农民出行有着极其重要的作用。低等级公路事故总量占比不高,但重特大事故比例较大。统计数据显示,2010至2014年一次死亡10人以上的特大交通事故中,41.52%发生在低等级公路上。随着我国机动化进程的不断加快,机动车数量和居民人均出行量进一步快速增长,改善道路交通安全的压力和难度仍在增大。

交通安全是道路交通研究永恒的主题,科技进步和新技术应用则是解决道路交通安全问题的重要手段。由科技部、公安部、交通运输部三个部委联合组织实施的《国家道路交通安全科技行动计划》一期项目"重特大道路交通事故综合预防与处置集成技术开发与示范应用"已于2012年正式通过验收,项目形成了大量具有先进性和实用性的研究成果,示范效果明显,示范路网内事故数平均下降了20.1%,重特大事故数降幅为21.4%,死亡人数平均降幅27%。正是基于此,2014年国家又启动了《国家道路交通安全科技行动计划》二期项目"道路交通安全智能化管控关键技术与集成示范”,其目标是在一期项目的基础上,利用传感网、大数据研判等先进信息技术,围绕道路交通安全的主要矛盾和突出问题,打造安全、有序的高速公路交通行车环境,实现交通行为全方位有效监管,促进重点驾驶人安全驾驶行为和习惯的养成、交通秩序根本性好转,全面提升重特大交通事故的主动防控能力。在低等级公路上重点制订低成本安全设施改善方案和设施安全规范,遏制重特大事故发生。

课题一《高速公路行车条件提升关键技术及装备研发》、课题六《低等级公路安全防控关键技术研发与集成示范》是“道路交通安全智能化管控关键技术与集成示范”的重要组成部分。课题一根据高速公路行车条件提升的长期需求和国内外交通安全技术的发展,充分分析我国高速公路交通安全的现状和特点,通过自主创新和高速公路行车条件提升技术的集成应用,研发高速公路设施风险动态评估技术及系统,研究连续下坡等高风险路段以及大雾冰雪等不利行车条件下的安全预警、智能诱导、设施处置和装备应用等一系列主被动安全提升技术,重点完善安全防护设施可靠性设计和研发以及指路标志系统性设计等关键技术,并从车路适应的角度,提出车辆运行安全技术条件,形成综合安全保障技术体系,全面提升高速公路行车环境。在此基础上形成一系列标准、规范和技术指南,并应用于全行业。课题六重点针对安全问题突出的低等级公路以及农村客运,形成涵盖设计、运营、管理以及高风险路段安全提升等领域的路网、路段两级交通安全防控技术体系,形成适合低等级公路使用的安全防控成套技术,有效遏制特大交通事故多发态势,综合提升低等级公路的安全保障水平。

在科技部、公安部和交通运输部三部委的高度重视下,调动了在各相关方向有专长的科研单位、大学、企业及行业管理单位等30余家单位、400余位研究人员,共同参加《高速公路行车条件提升关键技术及装备研发》《低等级公路安全防控关键技术研发与集成示范》两个课题研究、示范工程建设及标准规范制修订工作,取得了丰富的研究成果,并通过“产、学、研、用”相结合的方式,保证研究成果达到了“实际、实用、实效”的要求。本丛书是对《高速公路行车条件提升关键技术及装备研发》《低等级公路安全防控关键技术研发与集成示范》课题部分成果的总结,是《国家道路交通安全科技行动计划》项目的重要成果之一。本丛书涉及公路风险评估、道路交通流理论与运行管理、道路交通安全设计、在用护栏评价与再利用、低等级公路交通安全综合处置以及农村客运安全发展等方面。

丛书将为公路行业的运营管理及交通安全改善工作提供指导，有助于进一步提升高速公路和低等级公路的交通安全保障能力，具有重要的指导意义和实用价值。

丛书在编写过程中，得到了交通运输部总工程师周伟，交通运输部公路局李华，交通运输部科教司庞松，交通运输部公路科学研究院王笑京、何勇、牛开民、傅宇方等领导的鼎力支持，得到了陈永耀、王彦卿、姜廷顺、杨新苗、邵春福、冯明怀、刘浩学、韩凤春和夏方庆等专家的热情指导，交通运输部公路科学研究院等30余家课题参加单位领导、同仁给予了大力配合，在此表示衷心感谢！书中参阅了大量的国内外文献，引述文献已尽量予以标注，但难免存在疏漏，在此对各文献作者一并致谢！

交通作为人民群众日常生活和国民经济运行的基本支撑，交通安全是一项长期和艰巨的工作，希望通过大家的共同努力，为我国交通安全事业的发展贡献微薄之力。

前　言

农村公路是我国公路网络的重要组成部分。“十二五”期间，我国农村公路得到了进一步发展，新改建农村公路186.8万km，新增农村公路52.7万km，全国农村公路总里程达到345万km。全国农村公路乡镇的通达率基本上达到100%，行政村的农村公路也已经达到了99.9%。与此同时，通过开展农村客运网络化试点，加快客运站建设，启动农村客运班车通达工程。到2015年底，全国行政村通班车率已达94%以上。农村公路的建设和农村公路客运的发展，是促进我国农村经济和社会发展、改善广大农民生活的必然需求。“十二五”期间，“强农惠农、加快社会主义新农村建设”仍是我国的重要国策，农村公路设施条件的改善、客运基础设施建设和农村客运班线的开通将得到快速发展。

然而，在农村公路建设和农村客运得到巨大发展的同时，其安全问题也逐步凸显。重特大交通事故中，农村公路交通事故死亡人数已达20%以上。中型客车成为重特大事故的主要肇事车型，其事故量已有29%。农村公路已成为我国交通事故的“重灾区”，而客运车辆一旦发生事故，极易酿成群死群伤的恶性交通事故。

本书以课题《低等级公路安全防控关键技术研发与集成示范》（课题编号：2014BAG01B06）的研究成果为基础，针对我国农村公路客运安全保障问题总结和凝练而成。课题《低等级公路安全防控关键技术研发与集成示范》是国家科技支撑计划项目《道路交通安全智能化管控关键技术与集成示范》（项目编号：2014BAG01B00）的重要组成部分。课题关于“农村公路客运安全保障技术”专题研究通过开展农村公路开通客运线路条件与安全现状评估，针对农村客运车型特点和安全保障需求，制定农村公路客运线路通车技术条件；针对设施条件受限路段，提出农村公路客运线路交通安全适应性评估技术与软硬件平台，为农村公路开通客运提供决策支持技术。根据农村公路技术经济条件现状，提出适宜农村客运线路的安全设施设置技术和措施方案，研究农村客运停靠站安全设置技术和设施配置方案，为农村客运线路安全保障提供技术方案。

本书在分析我国农村公路客运安全保障主要问题的基础上，从农村公路客运发展现状与问题、农村公路客运通行技术条件、农村公路客运线路安全适应性评估技术、农村公路客运线路安全设施与停靠站设置技术、农村客运安全发展模式与战略思考等方面进行了全面阐述，期望为广大农村公路客运和农村公路管理部门、运营企业、规划设计单位相关从业人员开展安全工作提供参考。书中数据，未涉及香港、澳门和台湾，故数据范围为31省（自治区、直辖市）。

本书共8章，第1章由矫成武、吴京梅、孙传姣主笔，第2章由孙传姣、矫成武、白如月主笔，第3章由孙传姣、白如月、张旭主笔，第4章由米晓艺、晁遂、李佳辉主笔，第5章由孙传姣、白如月、张旭主笔，第6章由矫成武、晁遂、李佳辉、郭达主笔，第7章由矫成武、晁遂、李佳辉、郭达主笔，第8章由米晓艺、吴京梅、矫成武主笔。全书由矫成武统稿。

本书的编写得到了交通运输部公路科学研究院唐琤琤研究员和周荣贵研究员的大力鼓励与热情指导。同时，本书参考并引用了大量的国内外相关文献，在此向上述人员以及这些文献的作者一并表示诚挚的谢意！

由于作者水平所限，书中难免有疏漏、不妥之处，敬请各位读者批评指正。

编著者

2019年10月

目　录

第1章 绪 论

1.1 我国农村客运发展现状

在2006年,《中共中央国务院关于推进社会主义新农村建设的若干意见》中,党中央、国务院提出全面建设社会主义新农村的构想。党中央、国务院设立的新农村建设任务是:"按照'生产发展、生活宽裕、乡风文明、村容整洁、管理民主'的要求,协调推进农村经济建设、政治建设、文化建设、社会建设和党的建设。"从政府运作空间的角度出发,可以将新农村建设任务归纳为三个方面:经济建设、公共服务和公共管理。农村经济建设主要包括发展农业、促进农民增收方面的措施;农村公共服务建设指为农民提供用水用电设施、道路交通、教育培训、医疗卫生、养老助残、文化娱乐等公共产品;农村公共管理建设的主要内容是完善和推进村民自治制度,规范乡镇政府和村级党组织在农村基层的工作方式。

农村公路以及农村客运作为农村公共服务的重要组成部分,是交通行业落实中央部署的实际行动,也是促进农村经济发展和社会文明进步的重要基础。农村公路及客运取得的主要成就可体现在农村公路网的建设以及农村客运网络化建设两个方面,农村客运与农村公路的建设和发展是密不可分的,只有农村公路得到良好的发展,农村客运才能得到基础条件的支撑。

(1)农村公路网建设。2000年12月,交通部发布了《农村公路发展规划编制大纲》。到2001年底,我国已建成国道主干线21576km,县道、乡道里程共127.7万km,比上年增加1.5万km,通公路的乡(镇)占乡(镇)总数的99.3%,通公路的行政村占行政村总数的91.8%。到2002年底,我国公路总里程达到176.5万km,其中省道216249km、县道471239km、乡道865635km,分别占公路总里程的12.2%、26.7%和49.0%。农村公路网通达程度不断增强,公路交通对国民经济发展的"瓶颈"基本得到了缓解。但是,我国农村公路运输仍存在许多问题:一是数量少,通达度低,截至2002年底,我国还有184个乡镇、5.4万个行政村不通公路,且大部分在西部;二是路网技术等级过低;三是建设养护管理十分薄弱。为解决好农村经济发展和农村公路运输问题,交通部以提供交通基础性保障为出发点,采取了一系列措施,进一步改善农村交通基础设施条件,为广大农民提供舒适、便捷的出行条件。

2005年,交通部正式出台《全国农村公路建设规划》,提出21世纪前20年农村公路建设总体目标:到2020年,全国农村具备条件的乡(镇)和建制村通沥青(水泥)路,基本形成较高服务水平的农村公路网络,使农村居民出行更便捷、更安全、更舒适,以适应全面建设小康社会的总体要求。

2006 年,全国农村公路建设成效显著,完成投资、建成里程均创历史新高,农村公路建设又上了一个新台阶。根据统计,2006 年全社会完成投资 1513 亿元,比 2005 年增长 8%,其中,中央车购税投资比 2005 年增长 43%,新改建农村公路 5 万 km,比 2005 年增长 25%,458 个乡(镇)、17764 个建制村通公路,1708 个乡(镇)、43962 个建制村通油路或水泥路。农村公路建设的快速推进对促进我国农村经济社会全面协调发展,加快社会主义新农村建设和构建和谐社会发挥了重要作用。

截至 2012 年底,全国农村公路总里程达到 363.84 万 km,乡镇通达率达到了 99.97%、乡镇通畅率达到了 97.39%,建制村通达率达到了 99.55%、建制村通畅率达到了 86.29%,农村公路发展迅速。

(2)农村客运网络化建设。2003 年,交通部印发了《关于加快发展农村客运和开展农村客运网络化试点工作的通知》,制订了具体的实施方案,在东、中、西部地区,选定了浙江、广东、河北、河南、江西、内蒙古、贵州 7 省(自治区)的 15 个市(县、区)为试点地区,共涉及 932 个乡镇,23288 个行政村,2766 万农村人口。同时,各省(自治区)也确定了 1 ~2 个省级试点地区。为指导各地做好试点工作,交通部发布了《乡村公路营运客车结构和性能通用要求》(JT/T 616—2004)、《汽车客运站级别划分和建设要求》(JT/T 200—2004)两个行业标准。通过各方努力,初步实现了农村客运"开得通、留得住、有效益",试点工作取得了明显成效。

农村客运试点工作的顺利开展使农村居民享受到了与城市居民相近的出行服务,促进了城乡交流,促进了农业经济发展,促进了农民增收。

在"十一五"期间,按照中央部署要求,交通部与各省联手推进开展农村客运网络化试点,加快客运站建设,启动了农村客运班车通达工程。到 2010 年底,我国农村客运班线达 8.5万条,乡镇、建制村通班车率分别达到 98%、88%。

1.1.1 我国农村公路建设和养护情况

2003 年,为认真贯彻党的十六大关于建设社会主义新农村的战略部署,交通部党组提出"修好农村路,服务城镇化,让农民兄弟走上柏油路和水泥路"的目标。自此,全国农村公路迈入了大发展的黄金时期。

2003—2013 年,国家累计投入车购税资金超过 3200 亿元,带动全社会投资 19610 亿元,新改建农村公路 310 万 km。全国农村公路总里程从 271.8 万 km 增加到 378.5 万 km,增长了 39.2%;等级公路里程从 142.5 万 km 增加到 321.2 万 km,增长了 125.4%;铺装路面里程从 61.8 万 km 增加到 244.5 万 km,增长了 295.5%;铺装率从22.7%增长到 64.6%;乡镇通达率从 99.57%增长到 99.97%,通畅率从 77.86%增长到 97.81%;建制村通达率从 91.89%增长到 99.70%,通畅率由 50.50%增长到 89.00%。截至 2013 年底,全国 37709 个乡镇中,仅有 10 个未通公路,638155 个建制村中,仅有 1892 个未通公路。

1.1.1.1 全国农村公路建设情况

(1)技术等级公路里程。全国农村公路总里程从 2003 年的 271.8 万 km 增加到 2013 年的 378.5 万 km,增长了 39.2%,变化趋势如图 1-1 所示。

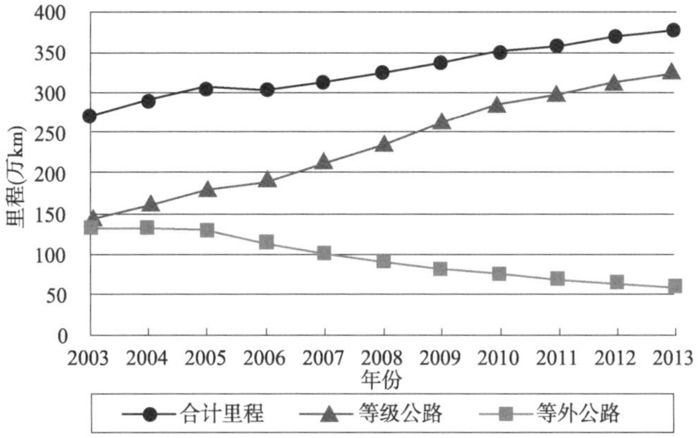

图 1-1 2003—2013 年全国农村公路里程变化趋势(技术等级)

截止到 2013 年,我国公路总里程已经达到 435.62 万 km,农村公路总里程达 378.5 万 km,占公路总里程的 86.8%。其中,二级及以上公路里程 15.45 万 km,三级公路里程 32.35 万 km,四级公路里程 273.45 万 km,等外公路里程 57.25 万 km,公路类型及农村公路技术等级结构比例如图 1-2、图 1-3 所示。

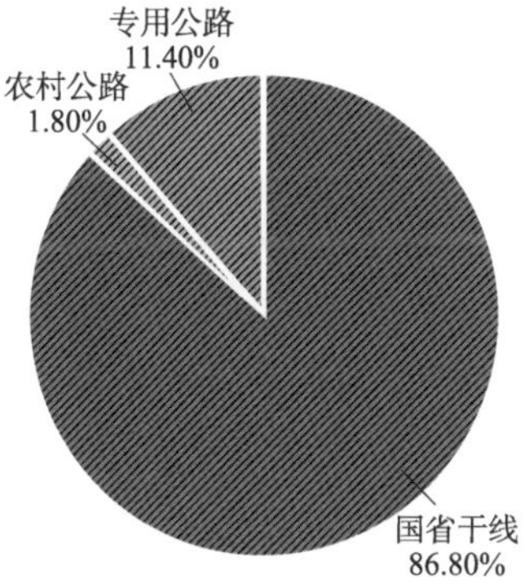

图 1-2 全国公路类型结构比例

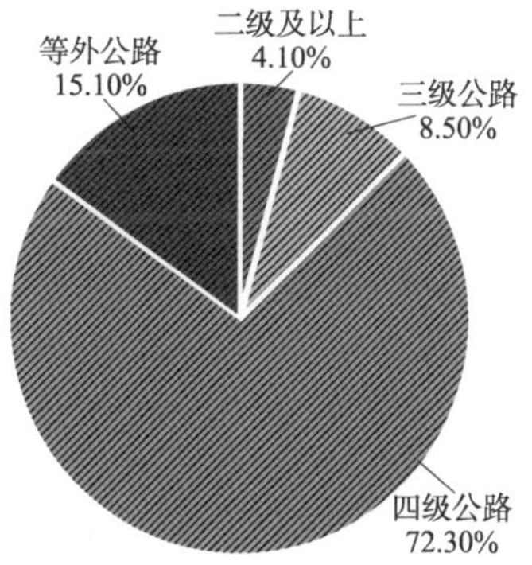

图 1-3 农村公路技术等级类型结构比例

以上各等级公路,58.9% 的二级及以上公路分布于我国东部地区,71.3% 的三级公路分布于我国中东部地区,72.3% 的四级公路分布于我国中西部地区,59.9% 的等外公路分布于我国西部地区。

(2)行政等级公路里程。全国行政等级公路包括国道、省道、县道、乡道、专用公路以及村道。我国农村道路主要包括县道、乡道、村道,里程依次为 54.68 万 km、109.05 万 km、214.74 万 km,如图 1-4 所示,村道占农村公路总里程的 50% 以上。

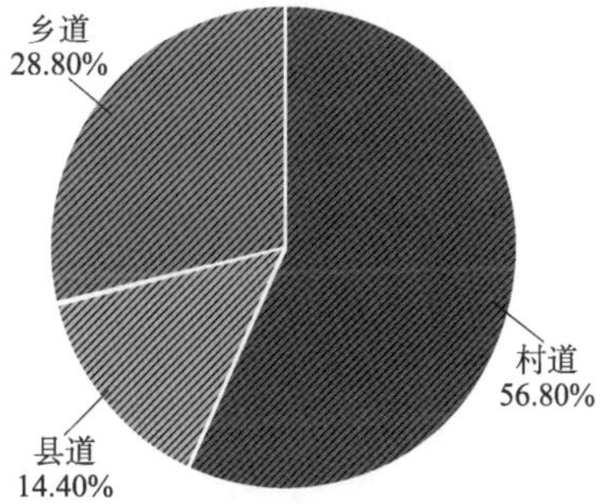

图 1-4 2013 年全国农村公路行政等级结构比例

我国农村公路各行政等级公路分布情况:县道和村道主要位于我国西部地区,在同类公路总里程中所占比例分别为 45.4% 和 39.9%;乡道分布比较均匀,其中,东部、中部及西部的乡道里程占乡道总里程的比例依次为 31.3%、32.7% 和 36.0%。

(3)公路路面铺装情况。2003—2013 年,我国有铺装路面的公路里程不断增加,变化趋势如图 1-5 所示。截止到 2013 年底,全国有铺装路面公路里程达 244.53 万 km,占公路总里程的 64.6%。铺装路面包括沥青混凝土路面、水泥混凝土路面和简易铺装路面,其铺装里程依次为 34.68 万 km、166.91 万 km、42.94 万 km;未铺装路面公路里程达 133.96 万 km,如图 1-6 所示。

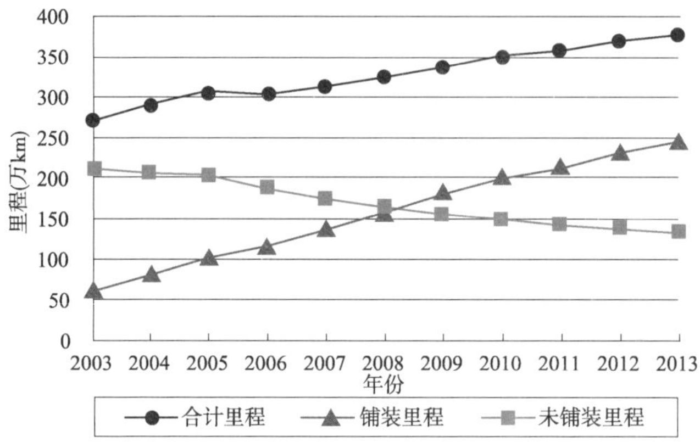

图 1-5　2003—2013 年全国农村公路路面铺装里程变化趋势

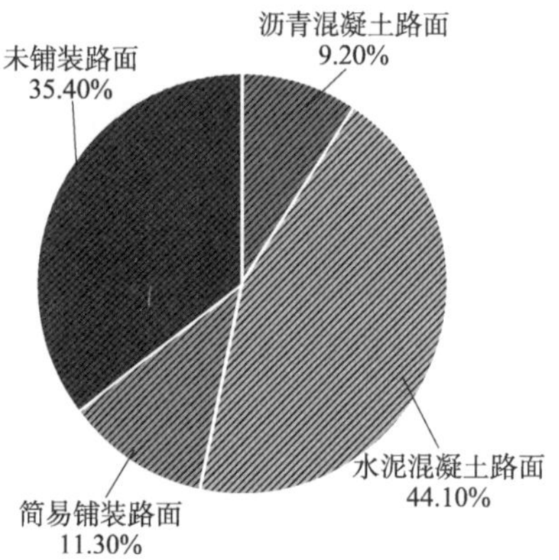

图 1-6　2013 年全国农村公路路面铺装类型结构比例

全国农村公路路面类型分布情况:东部和西部地区以沥青混凝土路面为主,约占同类路面的 77.8%;中部地区以水泥混凝土路面为主,占同类路面的 43.7%。未铺装路面大部分位于西部地区,在同类路面中占比例高达 61.3%。

(4)乡镇及建制村通达畅通情况。2004—2013 年,全国公路未通畅乡镇数量急剧减少,由 2003 年的 8798 个减少到 2013 年的 826 个,通畅率由 77.86% 提升到 97.81%,涨幅接近 20%,变化趋势如图 1-7 所示。截止到 2013 年底,全国 37709 个乡镇中只有 10 个乡镇未通公路,通达率高达 99.97%,基本实现所有乡镇通公路的目标。

未通畅的 826 个乡镇中,位于西部地区的有 819 个,剩余 7 个位于中部地区。东部地区的所有乡镇畅通率达 100%。另外,未通公路的 10 个乡镇均位于西部地区,中东部地区乡镇通达率为 100%。

建制村是指经省区市级国家机关批准设立的村。截止到 2013 年,全国建制村 638155 个,未通公路的建制村数量为1892个,通达率由2003年的91.89%提升到99.7%,如图1-8所示。通畅率也由50.50%提升到89.00%,涨幅接近40%,基本达到通畅的状态。

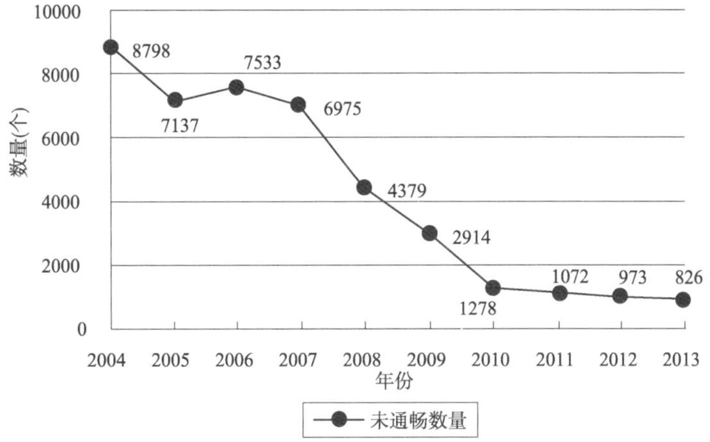

图1-7 2004—2013年全国公路未通畅乡镇数量变化趋势

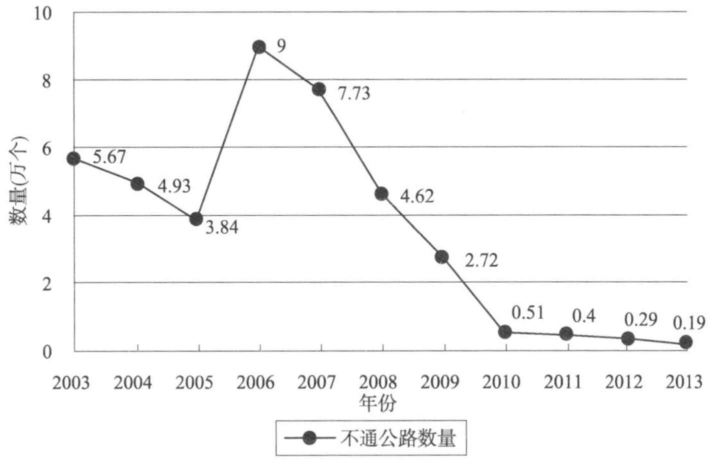

图1-8 2003—2013年全国不通公路建制村数量变化趋势

不通公路的1892个建制村中,有1583个位于西部地区,远远高于东部地区的98个和中部地区的211个。截止到2013年底,未畅通的建制村90192个,其中65983个位于西部地区,西部地区建制村通畅率仅为65.2%,远低于东部、中部地区的99.91%和98.08%。

1.1.1.2 全国农村公路养护情况

(1)公路养护投资情况。公路建成通车后,因承受车轮的磨损和冲击,受到暴雨、洪水、风沙、冰雪、日晒、冰融等自然力的侵蚀和风化,还有人为的破坏和修建时遗留的某些缺陷,其使用质量会逐渐降低。因此,公路建成通车后,必须采取养护维修措施,及时修复公路损坏部分,否则,将导致修复工程的投资加大,缩短公路的使用寿命,并给用路者造成损失。

在"以建代养"的传统观念统治时代,公路养护被放在次要地位,2006年全国公路的养护覆盖率仅有78%。随着养护不足问题的暴露,公路管理的思路逐渐向"建养并重"靠拢,养路比率一举上升到2012年的97.2%,全养路时代到来。"十二五"期间,长期累积的养护需求的集中爆发将公路管理思路向"养护优先"转换,中大修和预养护等深层养护的大面积应用使养护投资加速上行。

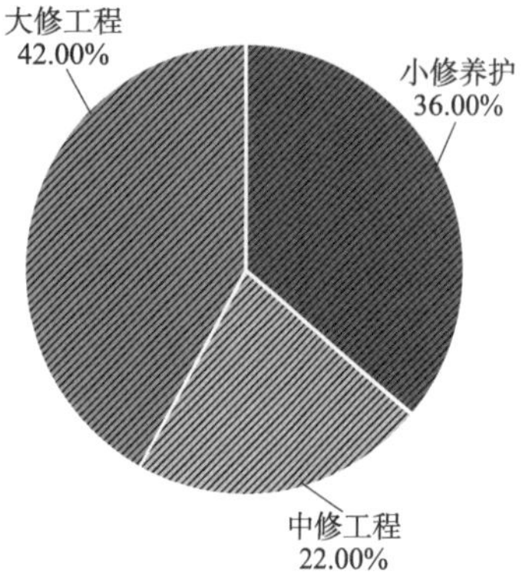

图 1-9　全国农村公路各类养护投资额比例

2013 年,全国农村公路小修养护、大中修工程投资合计 363.1 亿元。其中,小修养护的投资额达 131.3 亿元,中修工程投资额达 79.8 亿元,大修工程投资额达 152 亿元,投资比例如图 1-9 所示。总投资额中,中部和西部地区投资额分别为 61.3 亿元和 77.4 亿元;东部地区投资额为 224.3 亿元,远高于中西部地区。

(2)公路技术状况。公路技术状况分为优、良、中、次、差五个等级,评价内容包括路面、路基、桥隧构造物和沿线设施四部分。其中,路面包括沥青路面、水泥混凝土路面和砂石路面。公路技术状况用公路技术状况指数(MQI)和相应分项指标表示,MQI 和相应分项指标值域为 0～100。

2013 年,全国农村公路技术状况评定里程 204.2 万 km,优良路率为 60.5%。其中,县道、乡道、村道的评定里程分别为 40.4 万 km、61.1 万 km、102.8 万 km,相应优良路率依次为 65.5%、63.1%、56.8%,村道的优良路率未达到 60%。

中部地区和西部地区的优良路率分别为 60.8% 和 44.5%,东部地区优良路率为 73.1%,远高于西部地区。道路优良路率与公路养护投资额基本呈现正相关关系。

(3)公路路面使用状况。公路路面使用情况用路面使用性能指数(PQI)表示。该指数是判断道路通行能力及服务水平的重要指标,涉及路况平整度、破损度和路域环境等重要指标。2013 年,全国农村公路路面使用状况评定里程为 201.7 万 km,优良路率为 60.2%。其中,县道、乡道、村道的评定里程分别为 40.4 万 km、59.4 万 km、101.9 万 km,优良路率依次为 65%、63.1%、56.7%,村道优良路率较低,未达到 60%。

中部地区和西部地区的优良路率分别为 63.4% 和 42.7%,东部地区优良路率为 70.6%,远高于西部地区。道路优良路率与公路养护投资额基本呈现正相关关系。

(4)桥梁基本状况。截止到 2013 年底,全国农村公路上共有桥梁 47.98 万座,其中危桥 8.04万座,危桥比例达 16.76%。全国各省份中,危桥比例位于前三的分别是河南(42.87%)、黑龙江(40.03%)、湖北(36.70%),危桥比例最小的是天津(0.09%),北京(2.47%)、上海(1.05%)也较低。

1.1.2　典型山区省份农村公路建设和养护情况

我国的山区地形主要分布在中西部,如重庆、贵州、四川、云南、甘肃、广西、陕西等,皆以山区地形地貌为主。在山区,由于受到地形、地貌、地质等条件的影响,山区交通主要以公路交通为主,其他交通为辅。截止到 2013 年,我国中西部农村公路里程为 274.15 万 km,约占我国农村公路总里程的 72.4%。

1.1.2.1　重庆市农村公路建设和养护情况

(1)重庆市农村公路建设情况。2013 年末,重庆市农村公路里程达 11.06 万 km,其中,二级及以上公路 1903km,三级公路 3759km,四级公路 7.26 万 km,等外公路 3.23 万 km。各技术等级公路里程比例如图 1-10 所示。

重庆市 11.06 万 km 农村公路中，县道 1.24 万 km、乡道 1.53 万 km、村道 8.30 万 km，各行政等级道路占比如图 1-11 所示。各等级道路中以村道为主，比例高达 75%。

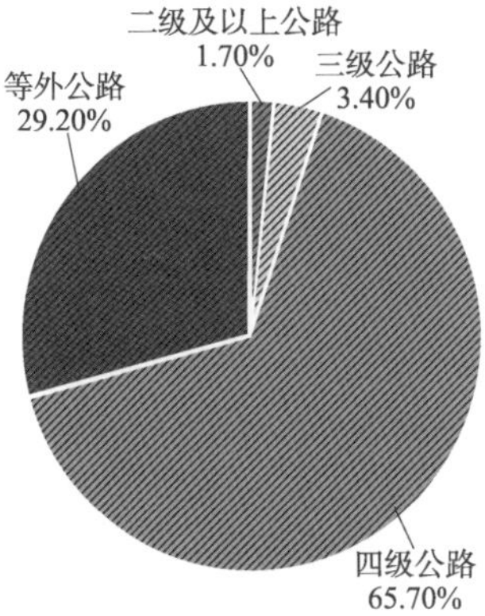

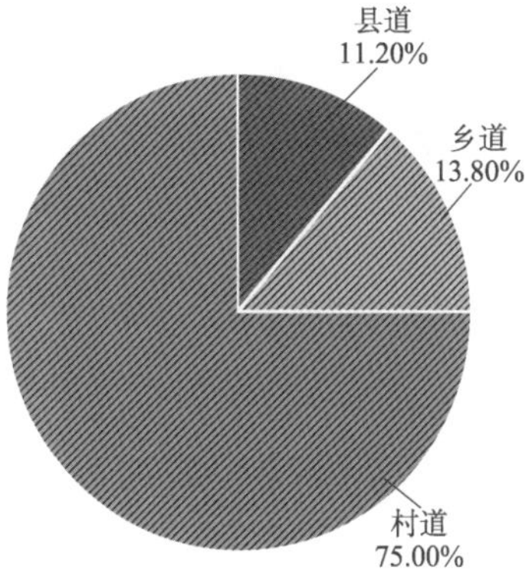

图 1-10 重庆市农村公路技术等级类型结构　　图 1-11 重庆市农村公路行政等级结构比例

重庆市 11.06 万 km 农村公路中，铺装路面的公路里程达 4.97 万 km，铺装比例约为 44.9%。其中，沥青混凝土路面 3836km、水泥路面 3.98 万 km、简易铺装路面 6098km、未铺装路面 6.08 万 km，各路面铺装类型结构比例如图 1-12 所示，未铺装路面比例较大，超过 50%。

重庆市共有 855 个乡镇、8741 个建制村，乡镇通达及通畅情况良好，通达率和通畅率均达到了 100%。建制村的通达率为 99.99%，仅有 1 处村落不通公路。而建制村的通畅情况欠佳，通畅率仅为 53.86%，接近一半的村落未达到通畅状态。

(2) 重庆市农村公路养护情况。2013 年，重庆市农村公路小修养护、大中修工程投资合计 11.04 亿元。其中，小修养护的投资额达 5.37 亿元。中修工程投资额达 3.43 亿元，大修工程投资额达 2.23 亿元。投资比例如图 1-13 所示，公路养护以小修养护为主。

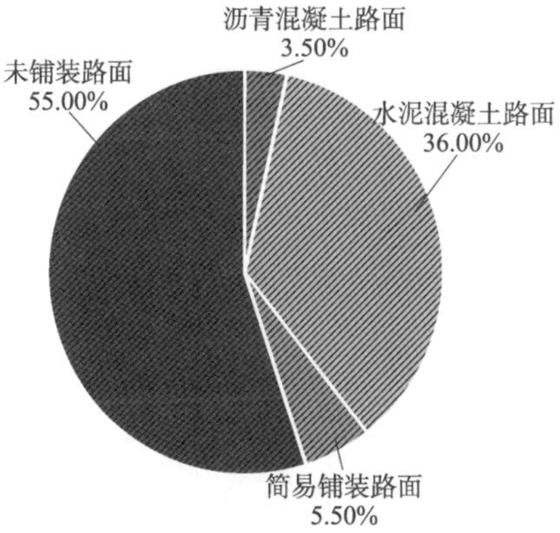

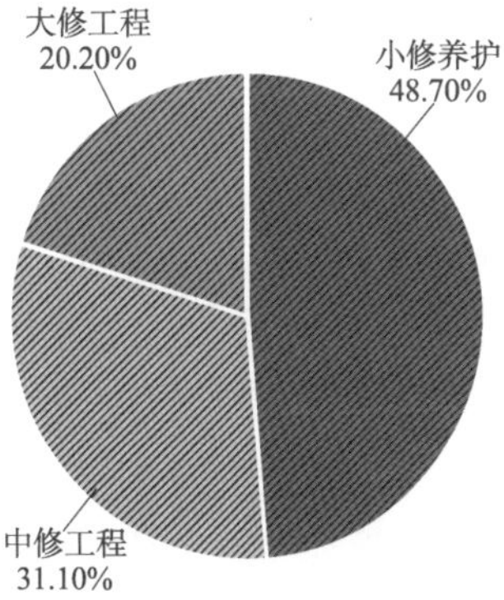

图 1-12 重庆市农村公路路面铺装类型结构比例　　图 1-13 重庆市农村公路各类养护投资额比例

2013 年，重庆市农村公路技术状况评定里程 4.85 万 km，优良路率为 71.2%。其中，县道、乡道、村道的评定里程分别为 1.45 万 km、1.01 万 km、2.70 万 km，相应优良路率依次为 71.0%、66%、73.2%，各等级公路的优良路率均达到 60% 以上。

2013 年，重庆市农村公路路面使用状况评定里程 4.85 万 km，优良路率为 66%。其中，县道、乡道、村道的评定里程分别为 1.15 万 km、1.01 万 km、2.70 万 km，优良路率依次为

69.2%、70.3%、62.9%，各等级优良路率均达到60%以上。

截止到2013年底，重庆市农村公路上共有桥梁6020座，其中危桥数量为277座，危桥比例为4.6%，在31省（自治区、直辖市）排名中居第25位。

1.1.2.2　贵州省农村公路建设和养护情况

（1）贵州省农村公路建设情况。2013年底，贵州省农村公路里程达15.87万km，其中，二级及以上公路851km、三级公路3373km、四级公路7.73万km、等外公路7.71万km。各技术等级公路里程占比如图1-14所示。

贵州省15.87万km农村公路中，县道1.76万km、乡道1.85万km、村道12.26万km，各行政等级道路占比如图1-15所示。各等级道路中以村道为主，比例高达77.3%。

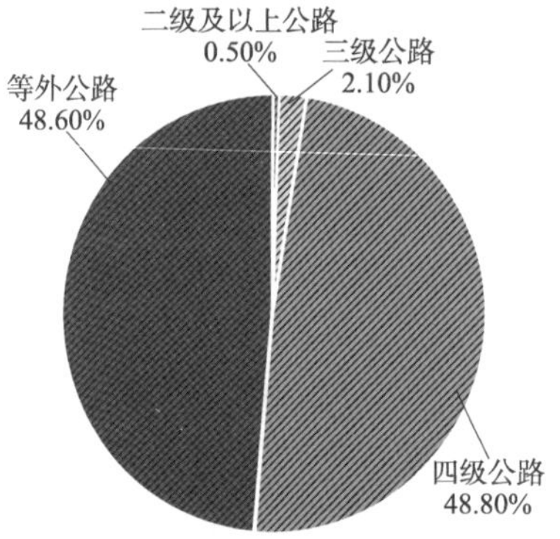

图1-14　贵州省农村公路技术等级类型结构

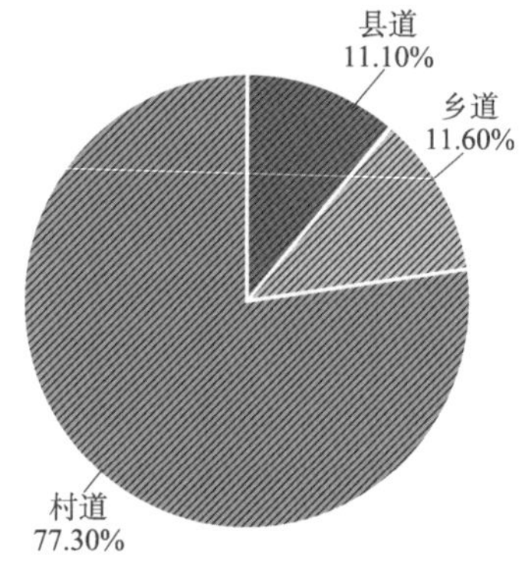

图1-15　贵州省农村公路行政等级结构比例

贵州省15.87万km农村公路中，铺装路面的公路里程达5.26万km，铺装比例约为33.1%。其中，沥青混凝土路面1184km、水泥路面2.44万km、简易铺装路面2.70万km、未铺装路面10.61万km，各路面铺装类型结构比例如图1-16所示，未铺装路面比例较大，超过60%。

贵州省共有1547个乡镇、21817个建制村。乡镇通达及通畅情况良好，通达率和通畅率均达到了100%。建制村的通达率为100%，而建制村的通畅情况欠佳，通畅率仅为53.24%，接近一半的村落未达到通畅状态。

（2）贵州省农村公路养护情况。2013年，贵州省农村公路小修养护、大中修工程投资合计6.83亿元。其中，小修养护的投资额达3.86亿元，中修工程投资额达0.8亿元，大修工程投资额达2.16亿元。投资比例如图1-17所示。

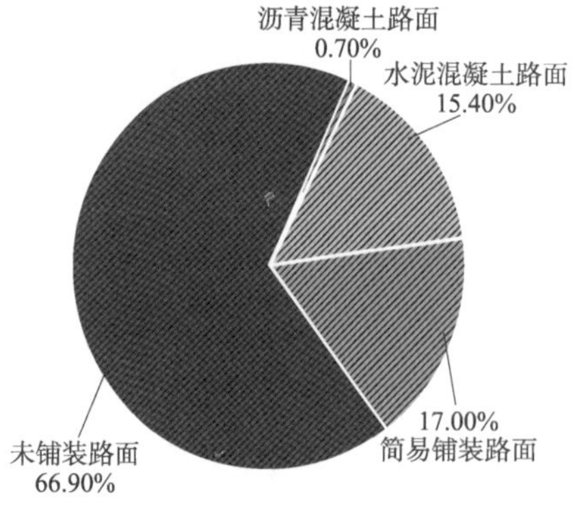

图1-16　贵州省农村公路路面铺装类型结构比例

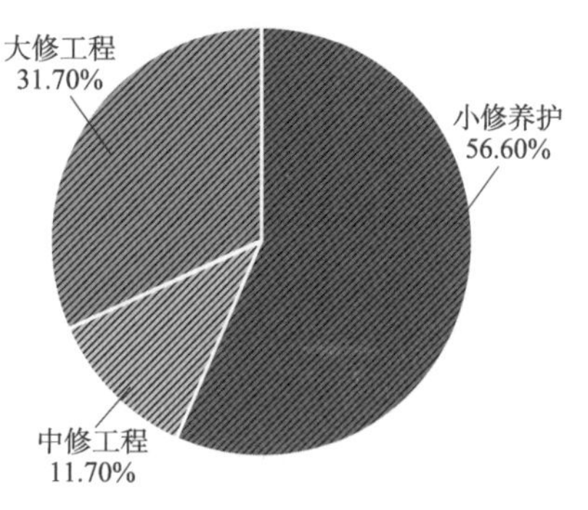

图1-17　贵州省农村公路各类养护投资额比例

2013 年,贵州省农村公路技术状况评定里程 1.79 万 km,优良路率为 35.1%。其中,县道、乡道的评定里程分别为 1.27 万 km、0.52 万 km,相应优良路率依次为 36.7%、31.3%,各等级公路的优良路率偏低。

2013 年,贵州省农村公路路面使用状况评定里程 1.79 万 km,优良路率为 34.4%。其中,县道、乡道的评定里程分别为 1.27 万 km、0.52 万 km,优良路率依次为 35.6%、31.3%,各等级优良路率普遍偏低。

截止到 2013 年底,贵州省农村公路上共有桥梁 9843 座,其中危桥数量为 2164 座,危桥比例较高,为 21.99%,在 31 省(自治区、直辖市)排名中位居第 10 位。

1.1.2.3 四川省农村公路建设和养护情况

(1)四川省农村公路建设情况。2013 年底,四川省农村公路里程达 27.51 万 km,其中,二级及以上公路 6261km、三级公路 8919km、四级公路 20.76 万 km、等外公路 5.23 万 km。各技术等级公路里程占比如图 1-18 所示。

四川省 27.51 万 km 农村公路中,县道 4.07 万 km、乡道 5.22 万 km、村道 18.22 万 km,各行政等级道路占比如图 1-19 所示。各等级道路中以村道为主,比例高达 66.2%。

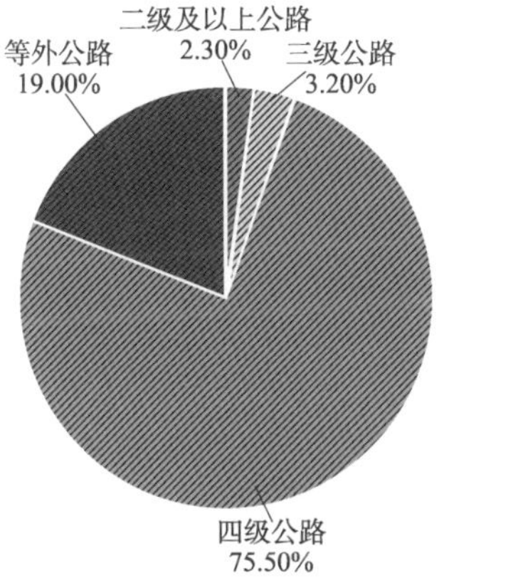

图 1-18 四川省农村公路技术等级类型结构

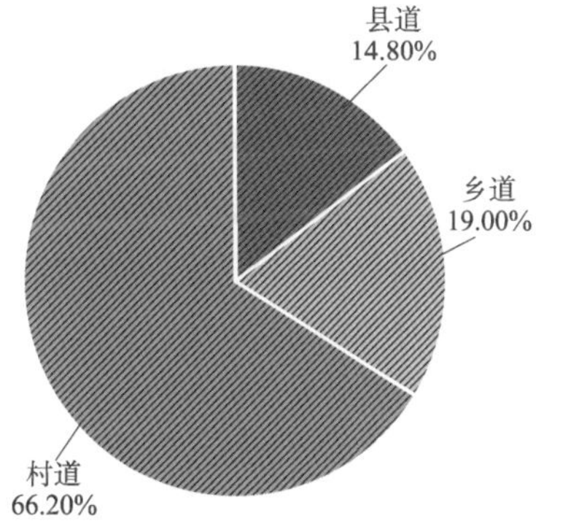

图 1-19 四川省农村公路行政等级结构比例

四川省 27.51 万 km 农村公路中,铺装路面的公路里程达 15.07 万 km,路面铺装率约为 54.8%。其中,沥青混凝土路面 1.35 万 km、水泥路面 11.79 万 km、简易铺装路面 1.93 万 km、未铺装路面 12.43 万 km,各路面铺装类型结构比例如图 1-20 所示。

四川省共有 4487 个乡镇,48704 个建制村。乡镇通达及通畅情况良好,通达率达到 100%,通畅率达 92.87%,仍有 320 个乡镇未达到通畅水平。建制村的通达率为 98.4%,有 781 个建制村未通公路。建制村的通畅率为 71.56%,仍有超过 1/4 的村落未达到通畅状态。

(2)四川省农村公路养护情况。2013 年,四川省农村公路小修养护、大中修工程投资合计 11.17 亿元,其中,小修养护的投资额达 8.84 亿元,中修工程投资额达 0.62 亿元,大修工程投资额达 1.72 亿元。投资比例如图 1-21 所示,公路养护以小修养护为主。

2013 年,四川省农村公路技术状况评定里程 10.9 万 km,优良路率为 54.4%。其中,县道、乡道、村道的评定里程分别为 2.40 万 km、2.49 万 km、6.02 万 km,相应优良路率依次为 61.7%、58.5%、49.8%。

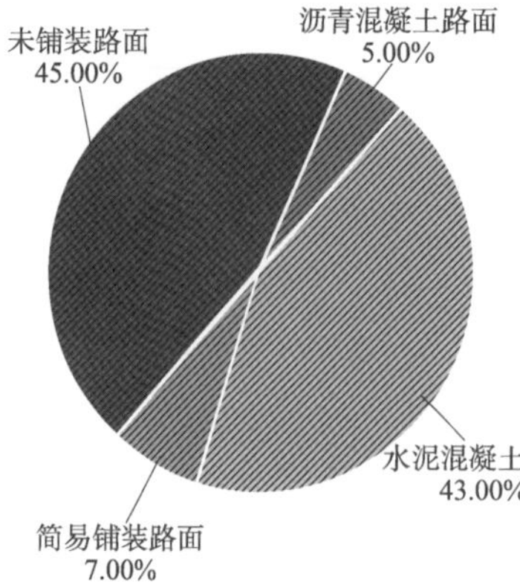

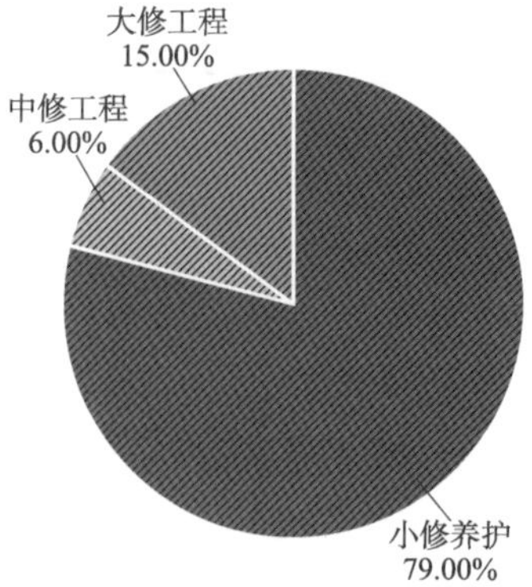

图 1-20　四川省农村公路路面铺装类型结构比例　　图 1-21　四川省农村公路各类养护投资额比例

2013 年,四川省农村公路路面使用状况评定里程 10.9 万 km,优良路率为 55%。其中,县道、乡道、村道的评定里程分别为 2.40 万 km、2.49 万 km、6.02 万 km,优良路率依次为 63.5%、58.2%、50.3%。

截止到 2013 年底,四川省农村公路上共有桥梁 26664 座,其中危桥数量为 1298 座,危桥比例为 4.87%,在 31 省(自治区、直辖市)排名中居第 24 位。

1.1.2.4　云南省农村公路建设和养护情况

(1)云南省农村公路建设情况。2013 年底,云南省农村公路里程达 18.98 万 km,其中,二级及以上公路 1037km、三级公路 3323km、四级公路 14.27 万 km、等外公路 4.28 万 km。各技术等级公路里程占比如图 1-22 所示。

云南省 18.98 万 km 农村公路中,县道 4.32 万 km、乡道 10.55 万 km、村道 4.10 万 km,各行政等级道路占比如图 1-23 所示。各等级道路中以乡道为主,比例超过 55%。

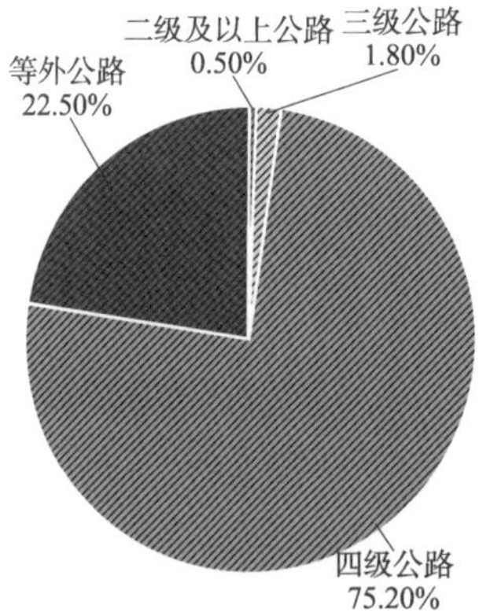

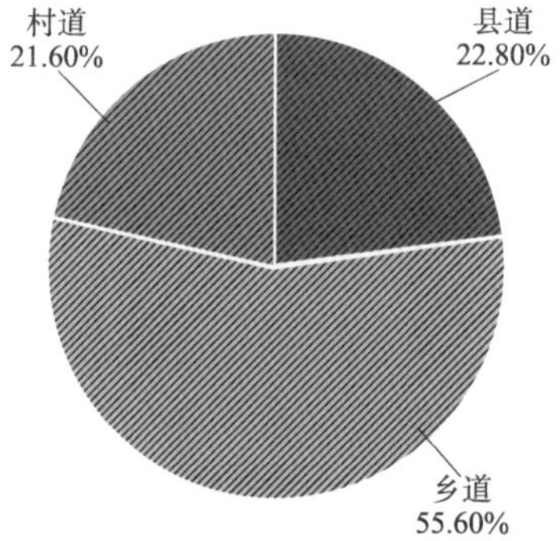

图 1-22　云南省农村公路技术等级类型结构　　图 1-23　云南省农村公路行政等级结构比例

云南省 18.98 万 km 农村公路中,铺装路面的公路里程达 4.47 万 km,路面铺装率约为 23.5%。其中,沥青混凝土路面 2.04 万 km、水泥路面 1.99 万 km、简易铺装路面 0.44 万 km、未铺装路面 14.51 万 km,各路面铺装类型结构比例如图 1-24 所示。

云南省共有 1367 个乡镇,14015 个建制村。乡镇通达及通畅情况良好,通达率为 99.85%,通畅率达 96.63%,仅有 46 个乡镇未达到通畅水平。建制村的通达率为 98.65%,

有189个建制村未通公路。建制村的通畅率为46.94%，仍有超过一半以上的村落未达到通畅状态。

(2)云南省农村公路养护情况。2013年，云南省农村公路小修养护、大中修工程投资额合计11.15亿元，其中，小修养护投资额达7.80亿元，中修工程投资额达1.83亿元，大修工程投资额达1.52亿元。投资比例如图1-25所示，公路养护以小修养护为主。

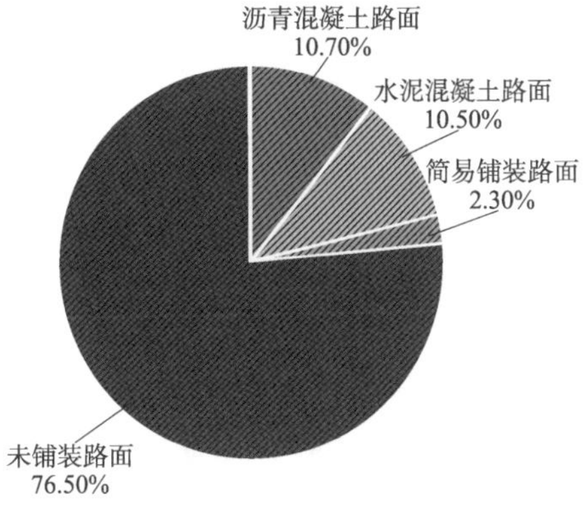

图1-24 云南省农村公路路面铺装类型结构比例

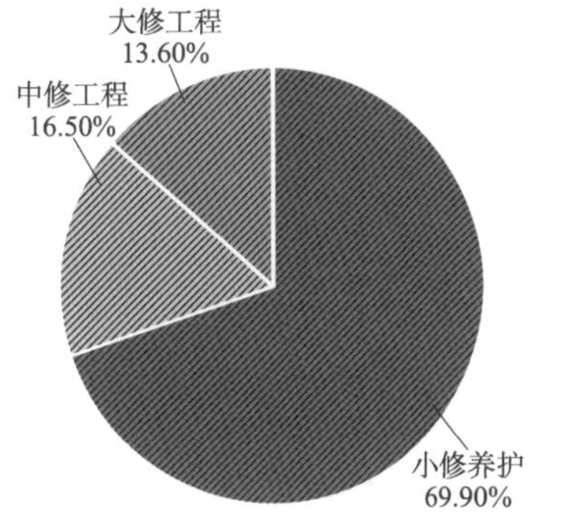

图1-25 云南省农村公路各类养护投资额比例

2013年，云南省农村公路技术状况评定里程3.53万km，均为县道，优良路率为58.1%。

2013年，云南省农村公路路面使用状况评定里程3.53万km，均为县道，优良路率为59.4%。

截止到2013年底，云南省农村公路上共有桥梁9743座，其中危桥数量为1348座，危桥比例为13.84%，在31省(自治区、直辖市)排名中居第16位。

1.1.2.5 甘肃省农村公路建设和养护情况

(1)甘肃省农村公路建设情况。2013年底，甘肃省农村公路里程达11.66万km。其中，二级及以上公路942km、三级公路8759km、四级公路8.08万km、等外公路2.61万km。各技术等级公路里程占比如图1-26所示。

甘肃省11.66万km农村公路中，县道1.63万km、乡道1.26万km、村道8.76万km，各行政等级道路占比如图1-27所示。各等级道路中以村道为主，比例超过75%。

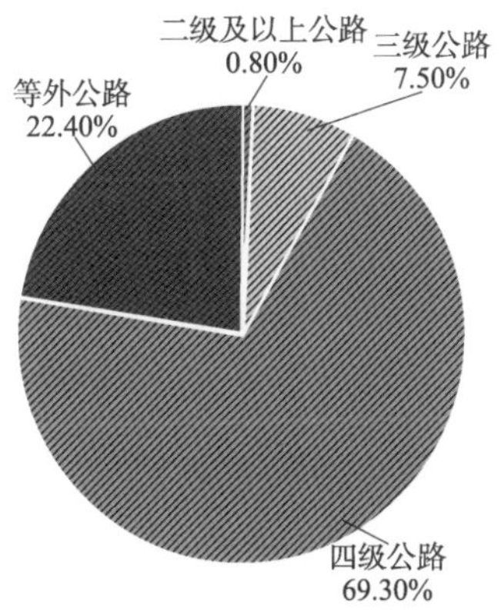

图1-26 甘肃省农村公路技术等级类型结构

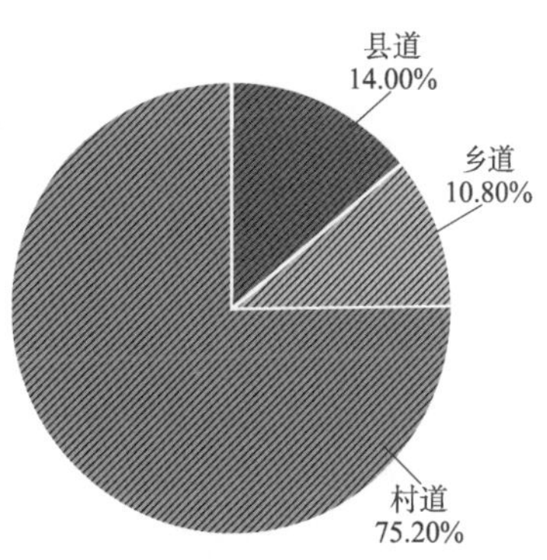

图1-27 甘肃省农村公路行政等级结构比例

甘肃省11.66万km农村公路中，铺装路面的公路里程达5.39万km，路面铺装率约为

46.2%。其中,沥青混凝土路面0.31万km、水泥路面2.55万km、简易铺装路面2.53万km、未铺装路面6.27万km,各路面铺装类型结构比例如图1-28所示,未铺装比例较大,超过50%。

甘肃省共有1263个乡镇,16865个建制村。乡镇通达及通畅情况良好,通达率达100%,通畅率达97.78%,仅有28个乡镇未达到通畅水平。建制村的通达率为100%,通畅率仅为54.18%,仍有接近一半的村落未达到通畅状态。

(2)甘肃省农村公路养护情况。2013年,甘肃省农村公路小修养护、大中修工程投资额合计1.81亿元,其中,小修养护的投资额达0.19亿元,中修工程投资额达1.16亿元,大修工程投资额达0.46亿元。投资比例如图1-29所示,公路养护以中修工程为主。

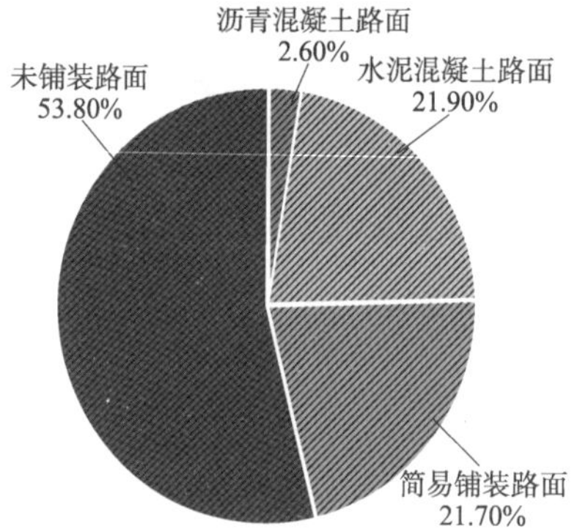

图1-28 甘肃省农村公路路面铺装类型结构比例

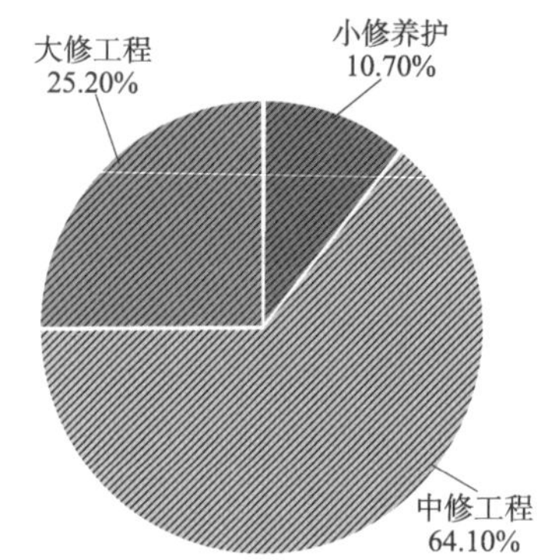

图1-29 甘肃省农村公路各类养护投资额比例

2013年,甘肃省农村公路技术状况评定里程0.95万km,优良路率为37.2%。其中,县道、乡道、村道的评定里程分别为0.2万km、0.012万km、0.74万km,相应优良路率依次为29.3%、19.6%、39.6%,各等级公路的优良路率普遍偏低。

2013年,甘肃省农村公路路面使用状况评定里程2.06万km,优良路率为16.4%。其中,县道、乡道、村道的评定里程分别为0.2万km、0.012万km、1.85万km,优良路率依次为23.6%、16.4%、15.6%,各等级优良路率普遍偏低。

截止到2013年底,甘肃省农村公路上共有桥梁4703座,其中危桥数量为1058座,危桥比例为22.5%,在31省(自治区、直辖市)排名中高居第9位。

1.1.2.6 广西壮族自治区农村公路建设和养护情况

(1)广西壮族自治区农村公路建设情况。2013年底,广西壮族自治区农村公路里程达9.65万km,其中,二级及以上公路2886km、三级公路6491km、四级公路7.23万km、等外公路1.48万km。各技术等级公路里程占比如图1-30所示。

广西壮族自治区9.65万km农村公路中,县道2.53万km、乡道2.89万km、村道4.23万km,各行政等级道路占比如图1-31所示。

广西壮族自治区9.65万km农村公路中,铺装路面的公路里程达5.98万km,路面铺装率约为62%。其中,沥青混凝土路面0.14万km、水泥路面4.32万km、简易铺装路面1.52万km、未铺装路面3.67万km,各路面铺装类型结构比例如图1-32所示。

广西壮族自治区共有1127个乡镇,14354个建制村。乡镇通达及通畅情况良好,通达率达100%,通畅率达99.91%,仅有1个乡镇未达到通畅水平。建制村的通达及畅通状况良好,通达率和畅通率分别为99.97%、82.64%。

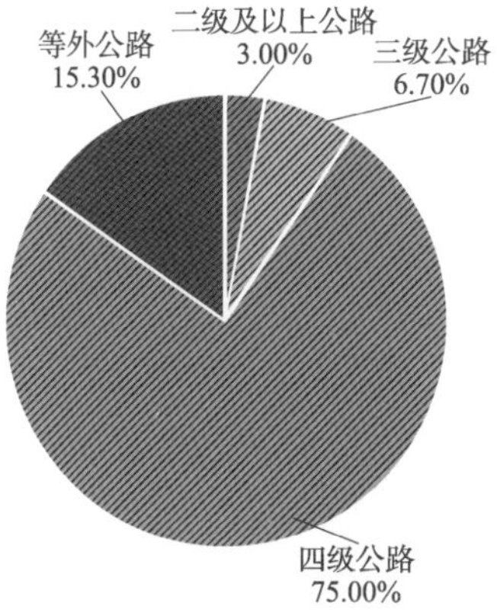

图1-30 广西壮族自治区农村公路技术等级类型结构

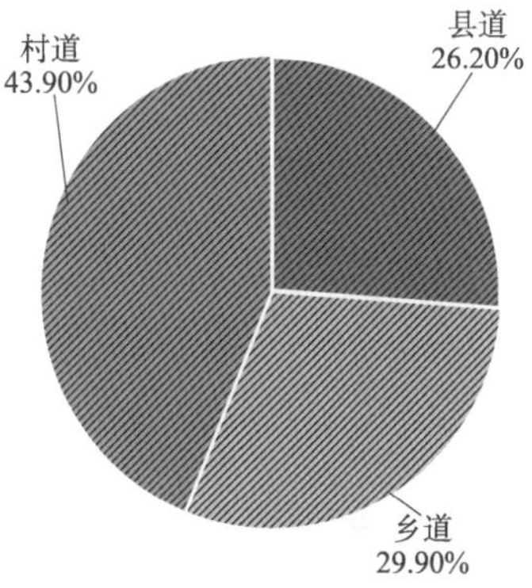

图1-31 广西壮族自治区农村公路行政等级结构比例

(2)广西壮族自治区农村公路养护情况。2013年,广西壮族自治区农村公路小修养护、大中修工程投资额合计9.90亿元,其中,小修养护的投资额达3.64亿元,中修工程投资额达1.95亿元,大修工程投资额达4.30亿元。投资比例如图1-33所示。

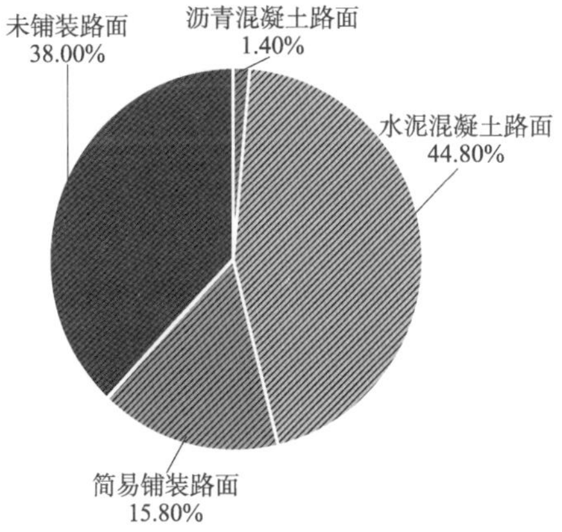

图1-32 广西壮族自治区农村公路路面铺装类型结构比例

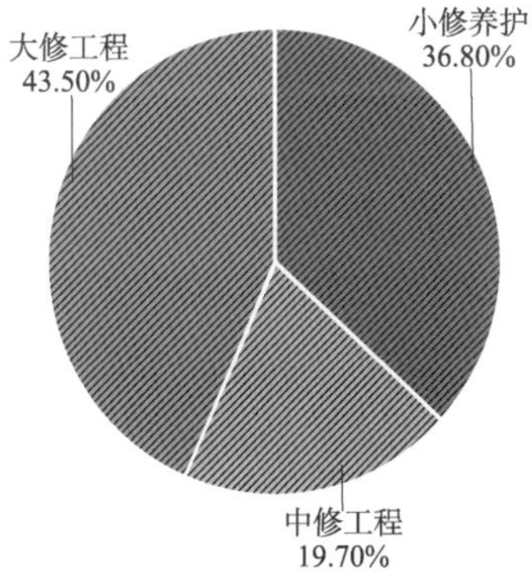

图1-33 广西壮族自治区农村公路各类养护投资额比例

2013年,广西壮族自治区农村公路技术状况评定里程7.91万km,优良路率为32.5%。其中,县道、乡道、村道的评定里程分别为2.28万km、2.58万km、3.05万km,相应优良路率依次为45.9%、34.7%、20.7%,各等级公路的优良路率普遍偏低。

2013年,广西壮族自治区农村公路路面使用状况评定里程7.98万km,优良路率为33%。其中,县道、乡道、村道的评定里程分别为2.34万km、2.58万km、3.06万km,优良路率依次为46.2%、34.6%、21.4%,各等级优良路率普遍偏低。

截止到2013年底,广西壮族自治区农村公路上共有桥梁10978座,其中危桥数量为690座,危桥比例为6.29%,在31省(自治区、直辖市)排名中居第23位。

1.1.2.7 陕西省农村公路建设和养护情况

(1)陕西省农村公路建设情况。2013年底,陕西省农村公路里程达14.94万km,其中,二级及以上公路 3204km、三级公路 1.10 万 km、四级公路 11.90 万 km、等外公路 1.62 万 km。各技术等级公路里程占比如图 1-34 所示。

陕西省 14.94 万 km 农村公路中,县道 1.76 万 km、乡道 2.40 万 km、村道 10.79 万 km,各行政等级道路占比如图 1-35 所示。

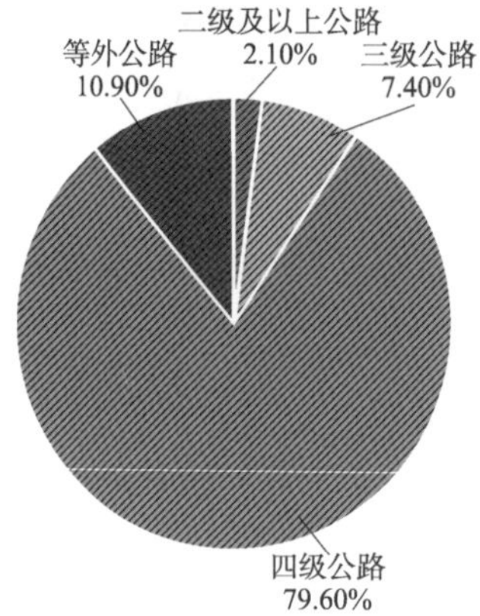

图 1-34 陕西省农村公路技术等级类型结构

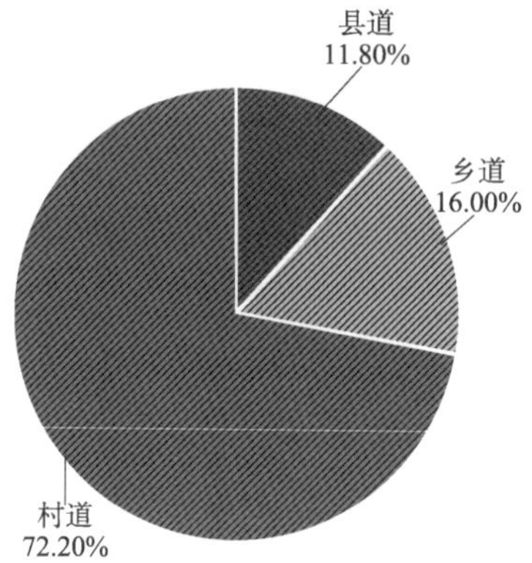

图 1-35 陕西省农村公路行政等级结构比例

陕西省 14.94 万 km 农村公路中,铺装路面的公路里程达 9.83 万 km,路面铺装率约为 65.8%。其中,沥青混凝土路面 1.00 万 km、水泥路面 6.77 万 km、简易铺装路面 2.06 万 km、未铺装路面 3.67 万 km,各路面铺装类型结构比例如图 1-36 所示。

陕西省共有 1692 个乡镇,28692 个建制村。乡镇通达及通畅情况良好,通达率和通畅率均达到 100%。建制村的通达状况良好,通达率为 99.38%,畅通率为 75.45%,仍有接近 1/4 的村落未达到良好的畅通状态。

(2)陕西省农村公路养护情况。2013 年,陕西省农村公路小修养护、大中修工程投资额合计 6.58 亿元,其中,小修养护的投资额达 0.1 亿元,中修工程投资额达 5.13 亿元,大修工程投资额达 1.34 亿元。投资比例如图 1-37 所示,公路养护以中修工程为主。

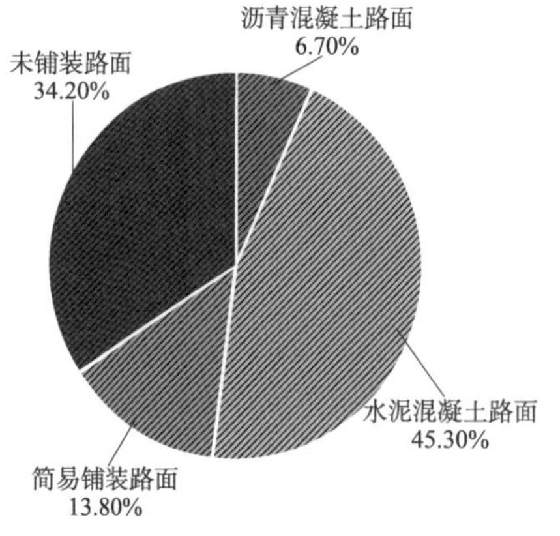

图 1-36 陕西省农村公路路面铺装类型结构比例

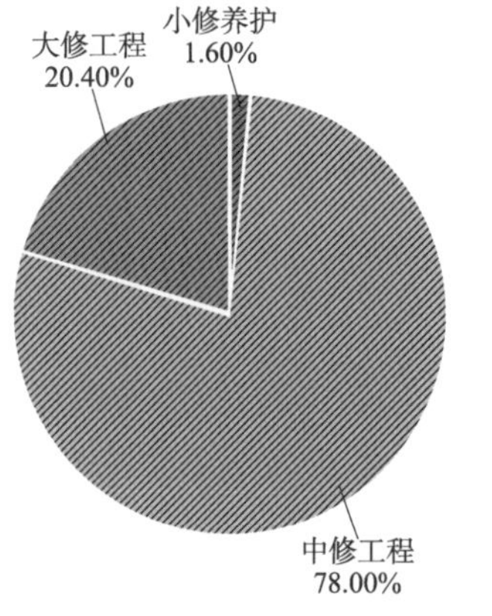

图 1-37 陕西省农村公路各类养护投资额比例

2013 年,陕西省农村公路技术状况评定里程 11.39 万 km,优良路率为 29.9%。其中,县道、乡道、村道的评定里程分别为 1.53 万 km、2.18 万 km、7.69 万 km,相应优良路率依次为 48.9%、39.1%、23.6%,各等级公路的优良路率普遍偏低。

2013 年,陕西省农村公路路面使用状况评定里程 11.38 万 km,优良路率为 30.8%。其中,县道、乡道、村道的评定里程分别为 1.52 万 km、2.18 万 km、7.68 万 km,优良路率依次为 46.2%、38.9%、25.5%,各等级优良路率普遍偏低。

截止到 2013 年底,陕西省农村公路上共有桥梁 10967 座,其中危桥数量为 1047 座,危桥比例为 9.55%,在 31 省(自治区、直辖市)排名中居第 21 位。

1.1.2.8 典型山区省份农村公路建设和养护情况总结

(1)典型山区省份农村公路建设情况。以上 7 个省份均位于我国西部地区,为典型的山区省份,各省份的农村公路建设与养护情况之间存在一定差异,但从整体效果来看,公路建设及养护情况欠佳。

2013 年末,西部七省农村公路里程达 109.67 万 km,其中,二级及以上公路 1.71 万 km、三级公路 4.57 万 km、四级公路 77.23 万 km、等外公路 26.16 万 km。各技术等级公路里程占比如图 1-38 所示。各技术等级道路所占比例与全国水平相比,四级公路占比基本相同,所占比例最大;等外公路占比 23.9%,明显高于全国水平的 15.1%;三级和二级及以上公路占比分别位列第三和第四,与全国水平类似,如图 1-39 所示。

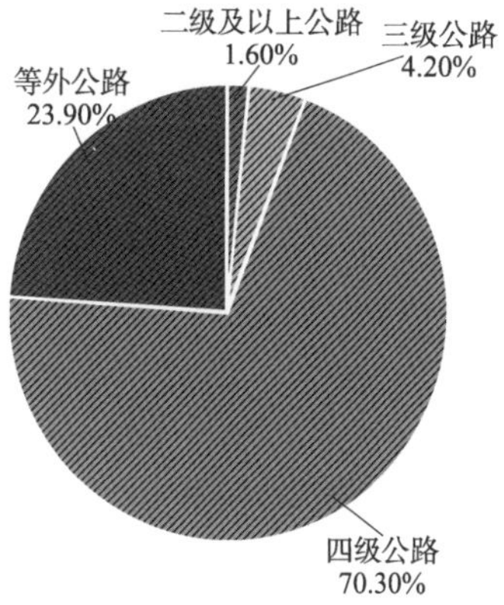

图 1-38 典型农村公路技术等级类型结构比例

西部七省(自治区、直辖市)109.6 万 km 农村公路中,县道 17.30 万 km、乡道 25.69 万 km、村道 66.67 万 km,各行政等级道路占比如图 1-40 所示。各行政等级道路比例与全国水平相类似,村道里程最长,乡道其次,县道里程最短,如图 1-41 所示。

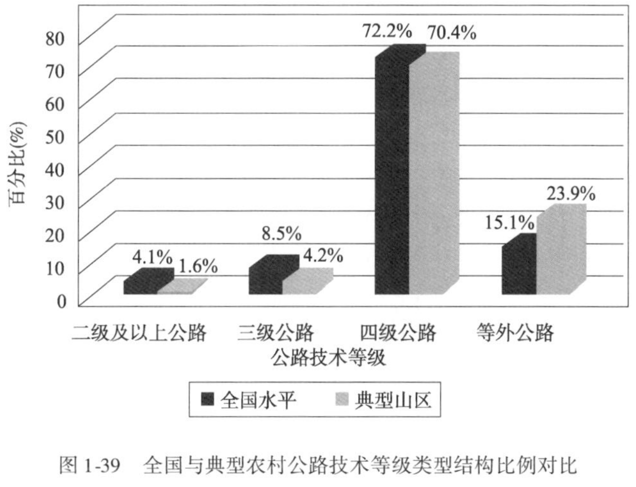

图 1-39 全国与典型农村公路技术等级类型结构比例对比

西部七省(自治区、直辖市)109.6 万 km 农村公路中,铺装路面的公路里程达 50.98 万 km,路面铺装率约为46.5%。其中,沥青混凝土路面 5.33 万 km、水泥路面 33.84 万 km、简易铺装路面 11.80 万 km、未铺装路面 58.69 万 km,各路面铺装类型结构比例如图 1-42 所示。与全国水平相比,沥青和水泥混凝土路面比例下降,简易路面水平基本持平,未铺装路面显著高于全国水平,如图 1-43 所示。

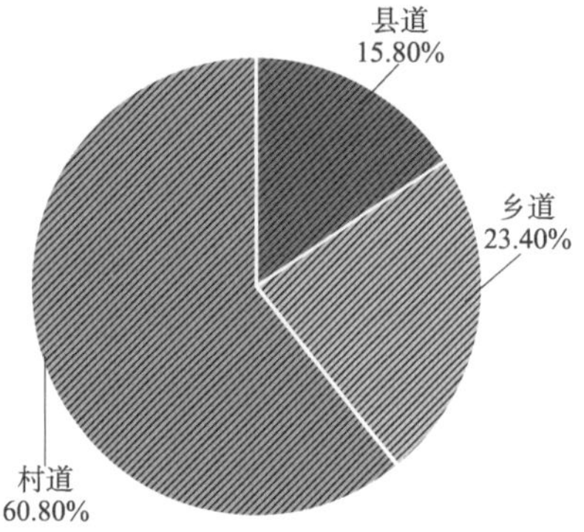

图 1-40　典型农村公路行政等级结构比例

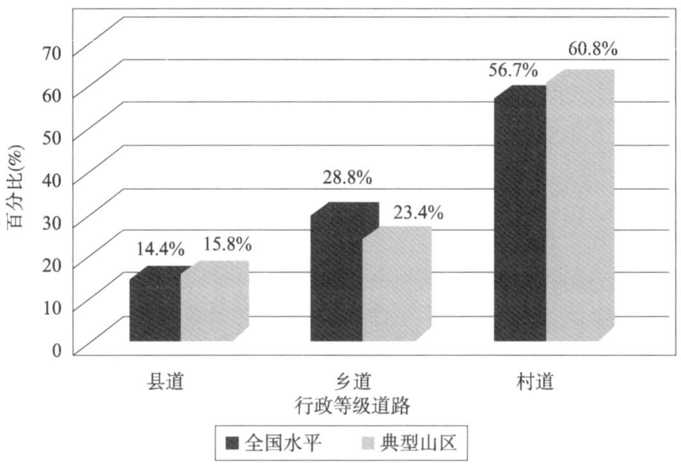

图 1-41　全国与典型农村公路行政等级结构比例对比

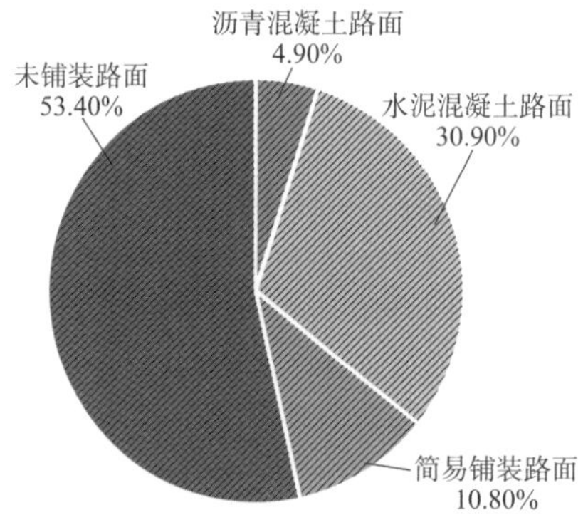

图 1-42　典型农村公路路面铺装类型结构比例

西部七省(自治区、直辖市)共有 12388 个乡镇,153188 个建制村。乡镇通达及通畅情况良好,通达率和通畅率均接近 100%。建制村的通达状况良好,通达率为 99.48%,畅通情况欠佳,畅通率约为 62.53%,仍有接近 40%的村落未达到良好的畅通状态。与全国水平相比,乡镇通达通畅及建制村通达情况基本相同,建制村的通畅率明显低于全国水平,如图 1-44所示。

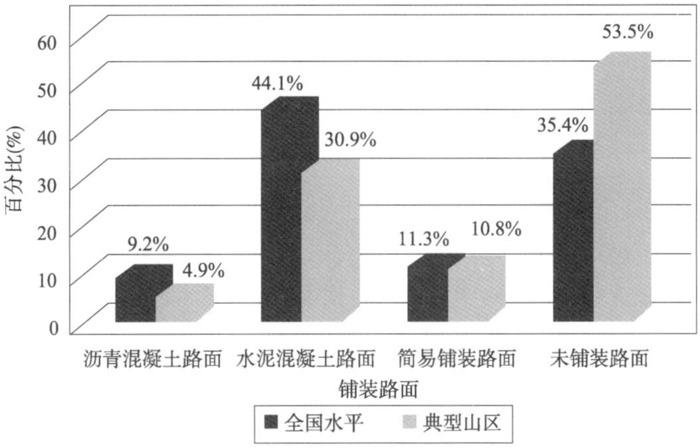

图 1-43 全国与典型农村公路路面铺装类型结构比例对比

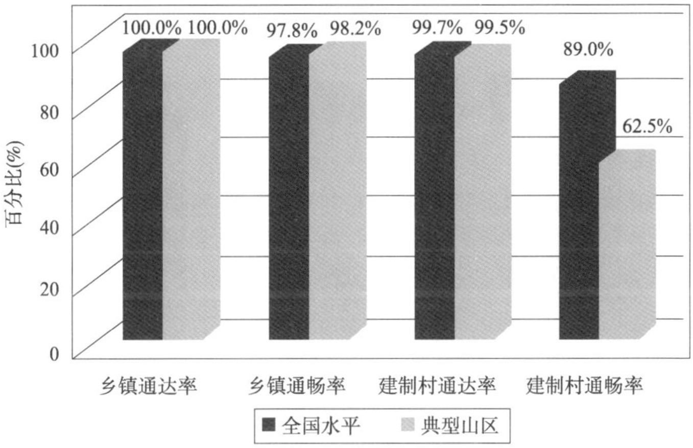

图 1-44 全国与典型山区乡镇及建制村通达通畅率对比

(2)典型山区省份农村养护建设情况。2013 年,西部七省(自治区、直辖市)农村公路小修养护、大中修工程投资额合计 29.81 亿元,其中,小修养护的投资额达 29.81 亿元,中修工程投资额达 14.93 亿元,大修工程投资额达 13.73 亿元,投资比例如图 1-45 所示,公路养护以小修养护为主。与全国水平相比,全国农村公路养护主要以小修养护为主,典型农村公路养护主要以大修工程为主,如图 1-46 所示。

2013 年,西部七省(自治区、直辖市)农村公路技术状况评定里程 44.88 万 km,优良路率为 45.5%。其中,县道、乡道、村道的评定里程分别为 12.34 万 km、12.33 万 km、20.20 万 km,相应优良路率依次为 50.2%、43.9%、29.6%,各等级公路的优良路率普遍偏低,明显低于全国水平,如图 1-47 所示。

2013 年,西部七省(自治区、直辖市)农村公路路面使用状况评定里程 42.50 万 km,优良路率为 42.1%。其中,县道、乡道、村道的评定里程分别为 12.40 万 km、8.79 万 km、21.3 万 km,优良路率依次为 49.1%、35.7%、25.1%,明显低于全国水平,如图 1-48所示。

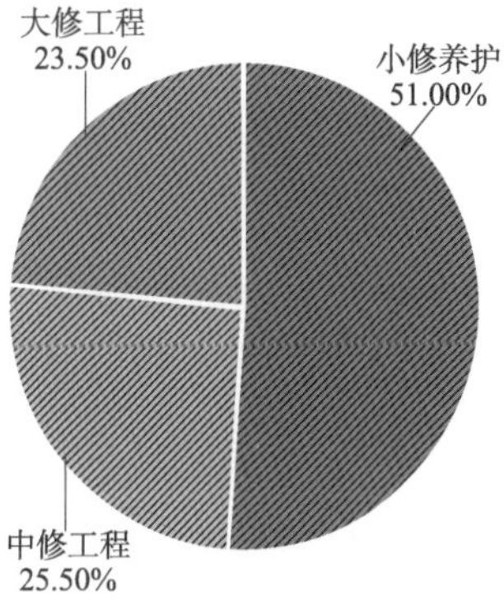

图 1-45 典型农村公路各类养护投资额比例

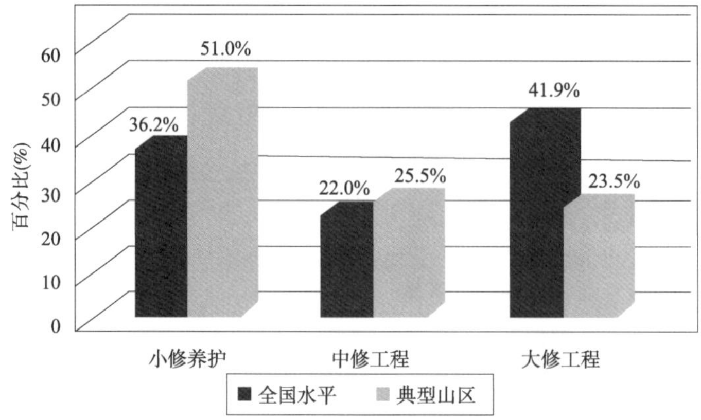

图 1-46　全国与典型农村公路各类养护投资额比例对比

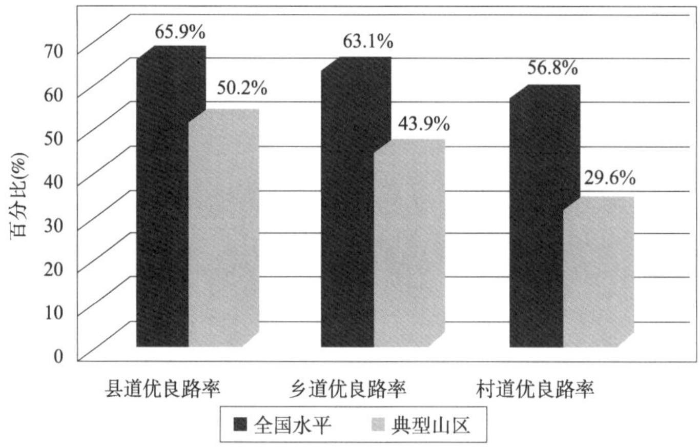

图 1-47　全国与典型山区农村各等级公路(MQI)优良路率对比

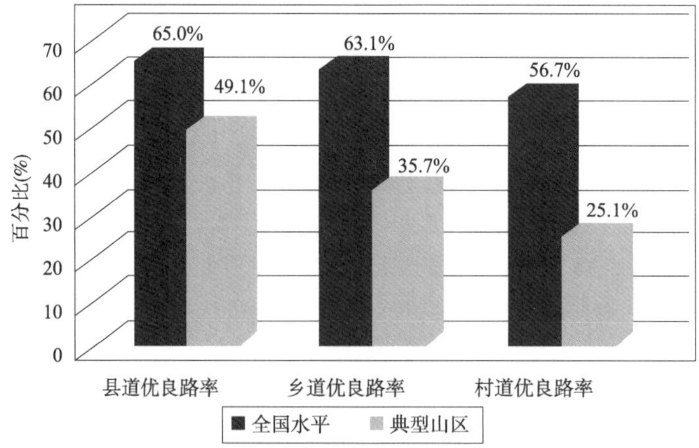

图 1-48　全国与典型山区农村各等级公路(PQI)优良路率对比

截止到 2013 年底,西部七省(自治区、直辖市)农村公路上共有桥梁 78918 座,其中危桥数量为 7882 座,危桥比例为 11.95%,低于全国的危桥比例为 16.76%。

1.2 我国农村客运安全现状

在农村公路建设和农村客运得到巨大发展的同时,其安全问题也逐步凸显。2007—2009 年的三年间,一次死亡 10 人以上重特大事故资料表明,农村公路交通事故死亡人数已占到 20% 以上(图 1-49a)。中型客车成为重特大事故的主要肇事车型,其事故量已占到 29%,而其中绝大部分为从事公路客运的车辆(图 1-49b)。这些统计分析说明,农村公路已成为我国交通事故的“重灾区”,而客运车辆一旦发生事故,极易酿成群死群伤的恶性交通事故。

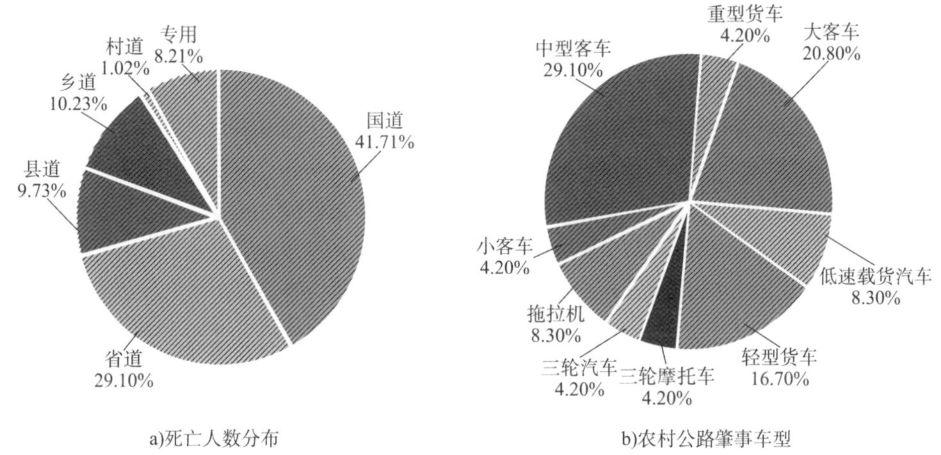

图 1-49 2007—2009 年一次死亡 10 人以上重特大事故统计分析

以双车道甚至单车道横断面形式为主,技术等级普遍较低,急弯、陡坡、路侧险要路段较多等为主要特征的农村公路,其交通安全问题尤为突出。在农村公路开通、运行农村旅客运输,面临巨大的交通安全挑战。

1.3 我国农村客运发展相关法律、法规与政策

为了维护道路运输市场秩序,保障道路运输安全,保护道路运输有关各方当事人的合法权益,促进道路运输业的健康发展,2004 年 4 月 14 日国务院第 48 次常务会议通过《中华人民共和国道路运输条例》,自 2004 年 7 月 1 日起施行。《中华人民共和国道路运输条例》对于从事道路运输包括客运和货运的条件进行了充分说明,包括从事客运、货运经营的条件、驾驶员准入、线路营运审批等方面,是我国道路运输方面具指导意义的法律规定。农村客运属于道路运输的范围,适用《中华人民共和国道路运输条例》的要求。

交通部于 2005 年 8 月 1 日起实施《道路旅客运输及客运站管理规定》,这是道路旅客运输方面比较详细的规定,也是目前客运方面最具操作性的规定。交通部的《道路旅客运输及客运站管理规定》对于客运班线的规定为:申请从事班线客运经营的,还应当有明确的线路和站点方案;班线客运经营者取得道路运输经营许可证后,应当向公众连续提供运输服务,不得擅自暂停、终止或者转让班线运输。

对于农村客运方面,国家以及部委层面尚未出台专门的管理规定,只有部分省及地方针对农村道路旅客运输出台了相关的管理规定。

2006 年 7 月,河南省出台了《河南省农村道路旅客运输管理规定》(以下简称《规定》)。《规定》要求,农村客运的经营许可通过客运线路招投标的方式确定;农村客运经营者应按照道路运输管理机构的许可事项从事农村客运经营活动,不得转让、出租运营班线和道路运输经营许可证;农村客运经营者不得擅自暂停、终止班线运输,不得以不正当手段揽客、欺行霸市、干扰他人正常经营;经道路运输管理机构同意,农村客运班车可采取区域经营、循环经营、设置临时发车点等灵活的方式运营,深山区、人口稀少区可采取电话预约不定期发车等;道路运输管理机构经常对本辖区农村客运运力投放、客运线路布局、主要客流流向和流量以及农村客运市场供求状况等情况进行调查,并向社会公布;引导农村客运经营主体进行公司化改造,推行片区集约化经营,实行统一站点、统一车型、统一排班、统一结算、统一服务标准,提高安全和服务水平。《规定》针对河南省农村道路运输的特殊情况进行了规定,其作为地方性的法规,是对《道路旅客运输及客运站管理规定》的有益补充。

2009 年 12 月,银川市出台了《银川市农村客运管理条例(草案)》(以下简称《条例(草案)》),对农村客运的管理部门、规划要求、线路和线路经营权、农村客运车辆管理、农村客运经营管理、客运站点建设与管理及相关的法律责任进行了规定;《条例(草案)》明确要求农村客运车辆应当符合交通运输部《乡村公路营运客车结构和性能通用要求》(JT/616—2004)的规定,同时,要求执行定期维护和综合性能检测、年审、建立车辆档案等管理制度。

1.4 农村客运安全技术发展

1.4.1 农村公路设计技术与标准

1.4.1.1 我国农村公路设计技术与标准

农村公路是县级行政区域内部,连接县城与乡镇、乡镇与村屯以及村屯之间的公路。农村公路是一种行政分类,从我国实际建设情况来看,农村公路的技术等级多样,在东部沿海地区,甚至有县道的技术等级为高速公路的情况,而在西南山区,大量农村公路,特别是村道,还是等外公路。本专题以低等级农村公路为研究对象,重点考虑技术等级为三级及以下公路,特别是四级和等外农村公路的情况。

我国等级公路的设计有明确的行业标准规范,技术等级为三、四级路的农村公路,一般均按照行业标准规范设计和建设。我国等级公路在设计标准车型上考虑了车长 6m 的客运车型,因此,一般情况下,等级公路上通行与车长 6m 标准车型技术指标相近的客运车辆是有保障的。

但对于等外公路,我国目前尚未制订行业标准规范。交通部于 2004 年发布交公路发〔2004〕372 号《关于印发农村公路建设指导意见的通知》。该文件的附件《农村公路建设暂行技术要求》对等外农村公路的设计和建设作了部分规定。另外,贵州、山西、甘肃、广东、江苏、陕西等地制订了针对农村公路建设的地方标准规范。例如,福建省《农村公路工程建设标准》(DB35/T 740—2007)、《甘肃省农村公路村道工程技术标准》(甘公发〔2006〕56 号文)、《甘肃省农村公路工程技术标准》(甘交规划〔2002〕227 号)、《贵州省乡村公路工程技术标准》(DBJ 22—208—97)、《山西省农村公路技术标准》(晋交公字〔2006〕199 号)、《宁夏农村公路工程技术标准(试行)》(2007 年)等。这些地方标准规范由于制订较早等原因,有些设计指标低于《农村公路建设暂行技术要求》的规定。早期依据地方标准规范修建的部分农村公路,构成了我国技术标准较低的农村公路典型代表。汇总典型的低于《农村公路建设暂行技术要求》规定的公路设计指标在本书 4.1.2 中详细列出。

1.4.1.2 发达国家农村公路设计技术与标准

国外公路网中与我国农村公路大致对应的部分一般称为县乡公路、地方公路、乡村公路或低交通量公路,农村公路运输强度不大但数量众多。为分清各级政府部门的职责,加强公路有效管理,世界各国都按照一定的原则对公路网进行分级管理,但是,不同国家的分级标准是不同的。美国按照行政区把公路划分为联邦资助公路系统、州公路系统和地方公路系统;按照功能,又把公路分为干线公路、集散公路和地方公路。其他很多国家按照行政分级原则,把公路分为国道、省(州、邦)道、县乡镇道路。美国《交通控制设施手册》(2003 年出版)中,特别针对乡村公路设置了一节,名为"低交通量公路的交通控制设施"。

在乡村公路设计方面,瑞士设计协调性程序是欧洲较古老的程序之一,并且仅运用于乡村公路。它是把连续的几何特征之间的速度差作为探测设计协调性的一种方式。为了确定这些速度差,使用平曲线上的运行速度、直线段上的最大车速和进入或者驶离平曲线的加速度来绘制速度分布图。速度分布图里使用的速度值代表平曲线上第 85 百分点的车速。速度分布图仅以平面线形为基础,是因为瑞士研究者认为 7% 的纵坡对小客车运行速度没有任何影响。现在,瑞士研究确定半径小于 400m 曲线的 V_{85} 已经提高,然而,仍然决定保留旧的 V_{85} 作为标准的安全速度。对平面线形考虑协调性时,任何速度分布图都会遇到以下三种情况:

(1)曲线和接下来的直线段或者更大半径的曲线之间的最大速度差为 5km/h;

(2)连续曲线最大速度差为 10km/h,并且应该避免大于 20km/h 的速度差;

(3)视距不小于连续曲线间以 0.8m/s^2 改变速度所需要的长度。

无论何时违反任何一条已制订的条件,在分布图上标记出该区域并且作为事故隐患研究。如果研究显示具有明显的事故隐患特征,则通过重新设计曲线和重新调整曲线线形的方法来修正该区域。

在德国,乡村公路设计标准规定,用设计速度和估算 V_{85} 来设计道路。设计速度用来确定平曲线、竖曲线半径最小值和最大纵坡。V_{85} 如果大于设计速度,用来决定超高率和视距。已经证明,使用 V_{85} 来选择超高率和视距的方法是正确的,因为在设计中加入了一个额外的安全因素。德国没有过于关注或者寻求单独的几何线形特征值以试图确保设计的协调。他们使用曲率变化率(CCR)作为公路一致性的量度标准。CCR 定义为水平方向上每单位距离偏角绝对值的变化,根据 CCR 建立的回归方程来估计 V_{85}。为获得一致性,设计车度和 V_{85} 必须是匹配的。因此,要求在任何路段 V_{85} 不能超过设计速度 20km/h。此外,连续路段之间的 V_{85} 间最大差值不应该超过 10km/h。违反这些条件中的任何一条,均需要对平面线形进行调整。

澳大利亚设计协调性概念建立在 Mclean 的研究基础上。Mclean 研究了澳大利亚双车道乡村公路上的120条平曲线并且得出结论:当设计速度低于90km/h时,V_{85}将趋向于高于显示道路几何特征的设计速度。该结论与运行速度不会超过设计速度的基本假定形成对比。Mclean发现:当设计速度超过100km/h时,V_{85}通常要低于设计速度。为响应Mclean的发现,澳大利亚改变了低设计速度公路(设计速度低于或者等于100km/h)的平面线形的设计程序,用来强调V_{85}对线形的重要性,根据曲线半径和公路上的期望车速估算V_{85}。期望车速定义为"驾驶人在自由流条件下,不拘泥于线形时选择驾驶的车速"。澳大利亚设计标准指出,根据曲线半径的范围和地形类型选择期望车速。

1.4.2 公路交通安全评价技术

国内外进行交通安全性分析和评价的方法主要包括三大类型:基于事故统计分析的安全评价方法、基于交通冲突技术的安全评价法和基于道路交通设施的安全评价方法。

基于事故统计分析的安全评价方法以实际发生的道路交通事故资料为依据,用以研究事故发生的规律、进行事故原因剖析和事故预测,具体来说又包括统计分析法、分类法、回归分析法、时间序列法等。

基于交通冲突技术的安全评价方法通常以实测的交通冲突数代替事故数,用以对交叉口等地点的安全度、安全改善措施的实施效果进行快速评价。

基于道路交通设施的安全评价方法是近年来随着安全理论技术和工程经验的积累逐步发展起来的,它基于工程经验对道路交通基础设施安全等级进行主观评分,从而进行安全评价。

1.4.3 我国公路交通安全评价技术

我国的交通安全评价研究起步于20世纪90年代中期,提出的众多方法可以归纳为四种:经验法、强度法、统计法和灰色评价法。

1994年,北方交通大学的刘士奇等人对公路交通安全指标体系进行了探讨,给出了一种适用于我国交通情况的公路交通安全评价指标体系和一种综合评价模式。同一年,西安公路学院的陈荫三等人运用模糊综合评判、层次分析法和专家咨询法相结合的方法,提出了一种高等级公路安全保障的分析和评价方法。1995年,北京工业大学的刘运通对我国公路交通安全的宏观评价状况及方法进行了总结,指出了存在的问题,并提出了解决这些问题的思路。1995年,北京工业大学的罗江涛、刘小明、任福田等人在研究国内外公路交通安全评价方法的基础上,运用灰色系统理论建立了公路交通安全灰色评价方法。经实践检验,该方法较适合于我国的交通管理特点,具有一定的准确性。

公路交通安全评价的研究在我国获得广泛关注,很多研究机构相继开展了这方面的研究,在发展已建立方法的基础上,还结合我国交通特点提出了公路交通安全多层次灰关联综合评价方法、公路交通安全等级评价方法、基于量化理论的高速公路交通安全评价模型、交通安全系统的模糊综合评价方法等新的方法和理论。

交通部西部交通科技建设科技项目《西部地区公路交通安全评价》和《公路交通安全手册研究》系统地研究了公路交通安全评价技术。这两个项目从定性和定量两个方面构建了我国公路交通安全评价的体系,完成了高速公路、有中央分隔带四车道公路和双车道公路的安全性预测模型的构建，针对平面交叉口、互通式立交、一般公路路段和高速公路路段，分别编制了安全评价清单和评价程序。

我国公路交通安全评价方面的研究取得了长足的进步，但是，我国关于公路安全评价的研究及实践还存在诸多不足，缺乏针对农村公路安全评价技术的专项研究。

目前，我国低等级公路的安全处置尚处于被动处置或事后改善阶段，事前评估技术研究和应用较少，实现低等级公路的安全评估显得尤为迫切。我国的相关研究成果主要集中于二、三级双车道公路，如科技部、公安部和交通运输部（简称三部委）一期项目建立了适合我国国情的山区二、三级双车道公路网交通安全风险评估模型。我国低等级公路与国外低等级公路以及国内高等级公路在车辆组成、交通量、运行车速和路域环境等方面都存在较大的差别。

1.4.4 发达国家公路交通安全评价技术

在公路安全评估方面，较为成熟的技术主要有美国 FHWA 的《道路安全手册》与国际道路评估组织（iRAP）相关技术，澳大利亚则对乡村公路开展安全评价。

（1）基于事故统计分析的安全评价方法。20 世纪 50 年代起，国外道路安全专家对道路安全评价的方法做了大量的研究，建立了大量的事故预测模型，如英国的 Smeed 模型，德国的 Oppe 模型，美国的孙小端用灰色理论对事故的原因进行探讨。目前，美国的 IHSDM 模块（2003 年版）整合了近年的双车道公路安全评估的各种成果，是目前国际上较完备的安全评价体系。

（2）基于交通冲突技术的安全评价方法。由于基于事故统计资料的评价方法在数据采集上的难度导致很多情况下不能很好地评价公路的安全性能，交通安全工程师一直在寻求某种替代的测定方法，以达到上述目的。交通冲突技术自 20 世纪 50 年代在美国开始应用。1967 年，Perkins 和 Harris 最早进行系统开发与应用，它的最初目的是调查通用汽车公司的车辆在驾驶时是否与其他车辆一样。该方法很快被一些交通安全组织应用于预测评价交叉口潜在事故数和鉴别系统缺陷。1970 年以后，该方法逐渐被加拿大和一些欧洲国家使用。英国应用交通冲突技术来诊断与交叉口设计有关的安全问题以及对各种修改设计方案后的快速安全评价。奥地利应用交通冲突技术来研究人行横道处各种形式的斑马线效果以及儿童的交通行为，近年来也用于评价城市交叉口的安全问题。日本应用交通冲突技术研究公路弯道安全性及危险交叉口安全评价等问题。道路交通安全专家 Perkins（1969）与 Baker（1972）都曾指出："交通冲突技术能够提供一种研究公路上特定地点潜在事故问题的方法。"

（3）基于道路交通设施的安全评价方法。这种方法的思路主要是依据工程经验，判断不同道路交通设施对安全的重要程度，确定其权重，并对道路交通设施的安全性能进行主观评估，给出评分等级，最后进行加权综合，得出整个道路交通设施的安全水平。

1.4.5 公路交通安全保障技术

1.4.5.1 我国公路交通安全保障技术

由于经济发展状况的差异，我国公路安全保障工程技术的研究状况和欧美发达国家有一定差距，但我国已充分认识到道路交通安全问题的严重性和紧迫性，相关机构已经着手开展这方面的工作。2003 年，我国通过了《中华人民共和国道路交通安全法》，充分体现了政府部门对道路交通安全问题的高度重视。交通部组织编写了《道路交通标志和标线》（GB 5768—1999）、《公路交通安全设施设计施工规范》（JTG D81—2006）等一批技术标准和规范，开展了"高速公路交通安全设施的研究"和"公路交通安全应用技术研究"等基础性研究项目，为解决交通安全问题提供了技术保障。

从 2004 年开始，交通部组织在全国范围实施公路安全保障工程。实施该工程的三年中，全国共投入资金 65.6 亿元，改造行车安全隐患 6.1 万 km、21 万处。通过对道路安全隐患路段的适当治理，公路行车安全性得到较大程度的提高，实现了预防和减少交通事故的目标，取得了良好的效果。据交通部对 2004 年 117 个安保工程实施路段 4757km 的抽样调查，在安保工程实施后，这些路段直接避免了 1162 次恶性交通事故的发生，事故次数同比降低了 58%，国省干线公路安全行车水平明显提高。

目前，有些省份在安保工程的实施过程中，已经完成了一些农村公路安全隐患的改善工作；一些省份在基本完成国省干线安保工程的基础上，开始了农村公路安保工程的深入推进，如浙江、河南、云南等；交通运输部也已经着手推进农村公路安保的工作。

随着对低等级农村公路安全问题越来越重视，我国一些地方也出台相关的技术标准，如浙江省在 2009 年 8 月颁布实施的《浙江省农村公路安全设施设置技术指南（试行）》，安徽省在 2009 年 3 月颁布的地方标准《农村公路交通安全设施实施技术指南》（06 34/1 721—2009），都对农村公路的设置方法提出了一定的要求，在一定程度上提高了农村公路的安全水平。

但由于受到各种条件的限制，我国农村公路交通安全设施十分缺乏，以零星设置的交通标志为主，大部分农村公路上并没有设置安全护栏，在危险路段只是采用了基本不具有防护能力的示警桩（墩）。

长安大学的蒋枫，在《农村公路交通安全设施适用性研究》中，首次基于目前农村公路的交通安全现状，对交通安全设施的设置进行了较全面的研究，对各种交通安全设施的功能、形式及规格在造价和技术要求上进行了综合比较，得出了适用于农村公路的路侧防撞设施、交通标志、标线、视线诱导设施、避险车道、减速带以及错车道等交通安全设施的选用形式与设置方法。之后，长安大学的肖殿良继续对农村公路交通安全设施选用与设置进行研究，并提出了一些危险路段的处置方法。

其他学者也提出了一些针对农村公路危险路段的安全处置方法。例如，农村公路交通工程及沿线设施应达到 D 级或以上等级，特别是在高原山岭重丘区，危险地段必须设置必要的安全防护设施。在高路堤、桥头引道、陡坡、急弯、临水库、沿江、傍山险路、悬崖凌空等危险路段，应在路侧设置限速、警示、警告标志和护柱、石砌护墩、石垛等安全设施，有条件的地方可设钢质护栏；桥头引道、漫水桥、过水路面等路段应设置警示标志；漫水桥、过水路面上应设置标杆；在视距不良的急弯路段，应根据需要设置线形诱导标志，警告、减速等标志；在平面交叉路口，应设置道口标志等必需标志，同时保证视线良好，确保交通安全；连续长、大下坡和陡坡路段，应在适当位置设置减速装置；受限路段，应在起终点处设置减速、限载、限高等警告标志。有研究人员提出，虽然农村公路等级低、线形标准不高，但安全防护水平不能低。也有学者提出，农村公路也应该完善交通标志的设置。

在护栏方面，我国标准制订过程中防护对象是以高速公路和国家干线公路上的车辆为主，护栏的碰撞能量分为70kJ、160kJ、280kJ、400kJ、520kJ五种，并没有考虑低等级公路或农村公路上应用的低碰撞能量的护栏。关于低碰撞能量护栏，《公路交通安全设施设计规范》（JTG D81—2006）有如下说明："在综合分析公路线形、设计速度、运行速度、交通量和车辆构成等因素的基础上，需要采用的护栏碰撞能量低于70kJ或高于520kJ时，应进行特殊设计。""需要采用的护栏碰撞能量低于70kJ时，如一些低等级公路或部分农村公路，应进行特殊设计，如设置护柱、石砌护墩、石垛、城墙式混凝土挡块等设施，但应适当地基础处理，并根据需要配置必要的钢筋。"除以上说明之外，并没有其他规定。

交通部公路所赵文光（1994）通过我国各种水泥混凝土安全护栏在道路交通中的实际应用，对其结构形式和主要参数以及具体的施工方法进行了较为翔实的叙述，并对比介绍了水泥混凝土安全护栏的使用效果。交通部公路所唐琤琤对我国高速公路上使用的三种路侧护栏的碰撞性能进行分析，从护栏的设置依据、形式选择、设置细节三个阶段分别阐述了路侧护栏设计中应考虑的因素。

1.4.5.2　发达国家公路交通安全保障技术

目前，发达国家公路网安全设施设置比较完善。发达国家公路发展过程中，均有类似于安保工程的强化公路交通安全设施设置来保障公路交通安全。英国、日本、澳大利亚、西欧、北欧、北美等国家和地区在20世纪六七十年代交通事故高发阶段，先后在其公路网上（包括乡村公路），推动了大规模的标志、标线、护栏等基础交通安全设施的配套设置及改造工程，在持续了近二十年之后才逐步完善。

国外为提高公路安全性能而采用的工程应用技术，除了交通安全设施外，还包括强制减速、路侧安全设计、交通宁静化措施等，并且这些技术不是完全独立的，而是根据道路具体的安全问题综合应用。例如，澳大利亚提高道路安全性的措施包括限速、事故黑点整治、道路安全评价、改善道路设计和采取交通工程措施等。新西兰改善道路安全的具体工程措施包括抗滑路面铺装、路侧安全设计、设置中央分隔带、提高标志标线的可视性等。德国为减少交通事故采取的工程技术措施包括各种减速措施、实施道路安全审计、提高路面铺设的质量和性能、识别事故黑点、减少标志的过多设置等。

在农村公路交通安全设施设置方面，国外研究起步较早，在交通安全设施选用与设置上也比较成熟，尤其是在与我国农村公路相似的一些地方公路或乡村道路上，路侧防撞设施、交通标志、标线等交通安全设施的设置情况比我国同等级公路完善得多。但是，在交通安全设施设置上往往也是沿袭一般公路，针对地方公路或乡村道路如何科学、合理地使用交通安全设施，国外也没有专门的研究和成形的理论。例如，路侧护栏往往采用安全性较好的半刚性护栏；交通标志齐全、易懂；通常全线设置交通标线。另外，在国外一些地方公路的车辆失控多发路段，常常能看到避险车道和减速带的设置。

美国在改善乡村公路安全状况方面的低成本工程措施包括：设置路肩减速带；设置中心震动带，提示驾驶人不要驶入对向车道；完善反光标志和标线，有利于夜间行车安全；安装照明设施，明尼苏达州的数据表明在平交路增加照明使夜间的事故减少了35%；移除或防护路侧障碍物，如树、巨石、线杆、邮筒等；在弯道处使用线形诱导标和轮廓标，提示驾驶人前方道路线形；升级或增设护栏。

一项针对加拿大各省和地区政府的调查结果显示，被应用得最广泛的工程措施包括改善道路线形、改善视距、完善或增加交通标志和标线、设置危险路段和平交路口警示灯，其次为增设专门的转弯车道、增加公路照明、设置或改善防护设施。震动带也是一种成本低、效果明显的乡村公路交通安全保障措施。此外，平交路口的环岛也是一种交通安全保障效果较好的工程设施。

英国汉普郡的保护英格兰乡村运动（Campaign to Protect Rural England，CPRE）对乡村公路上的交通安全保障工程措施进行了专门研究，提出一些建议，如移除路侧废弃的邮筒，改变村镇路段的路面颜色以引起驾驶人的注意，在乡村公路的平交路口不使用反光强烈的道口桩，尽可能少使用轮廓标和线形诱导标，在需要警示的路段尽可能使用路面标线而不是标志，用传统的箭形路标代替现在的指路标志以缩小标志尺寸，用防止重型车辆驶入乡村公路效果较好的限高和限宽标志而不是禁止驶入标志，防止不必要的交通标志影响驾驶人的注意力，合理设计标志的内容、尺寸和位置，特别是不要滥用黄色底色的警示标志。

英国运输研究实验室（Transport Research Laboratory，TRL）认为，与工程措施相比，教育、培训和宣传具有两个显著特点：①抓住了交通事故的根本原因，即道路使用者与道路环境之间的相互作用；②能够大幅度提高交通安全水平，因为对于交通事故的发生，驾驶人的态度比技术更重要。

车道边缘线能够帮助驾驶人看清前方道路的线形，但同时也诱发了驾驶人超速行驶，特别是在夜间。因此，英国的研究机构建议乡村公路不施划车道边缘线，不仅如此，还通过导流线压缩车道宽度，以达到降低车速的目的。除了车道边缘线，一些研究机构还建议取消乡村公路的中心线，以增加驾驶人的不确定感，降低车辆行驶速度。在诺福克郡的 Stiffkey 村，研究人员发现，虽然原来经过村镇的车辆行驶速度并不高，但在擦除中心线后车速还是有所下降。在 Starston 村，车速下降的幅度达到 7mile/h。还有一种有效的速度管理措施，就是粗糙路面，这种路面通过震动和噪声能够使车速降低 14% ~23% 。

澳大利亚则对乡村公路开展安全评价，对乡村公路的路肩进行硬化以及消除或减少危险路段的路侧障碍物，如涵洞、线杆、树木等。在公众交通安全教育方面，提倡教育内容要与当地实际情况相符，重点放在不疲劳驾驶、不酒后驾驶和正确使用安全带上。在乡村公路的速度管理方面，强调同类乡村公路限制速度的一致性，对穿过村镇的公路则倾向于采取宁静化交通措施，以达到速度控制的目的。为解决疲劳驾驶问题，在适当的地方建立对驾驶人有吸引力的休息区。对于公路，强调平交路口的照明和优化以及路肩的硬化。在驾驶人培训方面，要求增加乡村公路安全驾驶训练。对于疲劳驾驶，提出两点措施：①完善路侧停车区；②将村镇外路宽大于 5.5m 的乡村公路施划边缘线。

早在 1962 年，美国公路和运输工作者协会（American Association of State Highway and Transportation Officials，AASHTO）就发布了《公路安全设计和运营实践》报告，陈述了公路安全的问题，提出了一些减轻路侧危险的方法。1969 年，国家公路研究合作计划（NCHRP）发布了《护栏设置、选择与维护》报告，提出了护栏设置条件、设计、维护的推荐标准。1974 年，AASHTO 发布了第二版《公路安全设计和运营实践》报告，融入了安全设计与运营方面新的研究成果和实践经验。1989 年，AASHTO 出版了第一版路侧设计指南，主要内容有：路侧安全与经济、路侧地形与排水设施结构、护栏、标志和照明支撑及维修工作区的安全附属设施等。

对于低成本或低碰撞能量的安全防护设施,国外相关标准都规定了适应低等级公路安全防护要求的低碰撞能量的防护等级,美国 NCHRP Report 350 规定碰撞能量为 35kJ 的 TL-1 防护等级和碰撞能量为 68KJ 的 TL-2 防护等级;日本《防護柵設置の基準・同解説》(2004 年版)规定了 45kJ 的 C 级和 60KJ 的 D 级;欧盟 EN1317-2:1998 规定 37kJ 的低防护等级和 82KJ 的中等防护等级。

2009 年,美国公路与运输工作者协会发布了《安全设施评估手册 2009》(Manual for Assessing Safety Hardware 2009,MASH2009)。该手册中规定的安全防护设施碰撞条件和评价标准替代了之前的 NCHRP Report 350。MSAH2009 中碰撞条件在 NCHRP Report 350 中的碰撞条件的基础上有较大变化,主要体现为小客车与皮卡车的质量有所提高(小客车由 0.82t 提高至 1.1t,皮卡车由 2t 提高至 2.27t);小客车与皮卡车的碰撞角度由原先的 20°提高至 25°。

1.4.6 客运停靠站设置技术

1.4.6.1 我国客运停靠站设置技术

国内有关公共交通停靠站的优化设置研究鲜有涉及。东南大学的王炜、杨新苗等人专门研究了城市公共交通场站的规划方法,分别讨论了公交起终点和中途停靠站的规划,提出了一种基于所有乘客出行时间最小的站间距优化模型。同时,对设置多个同名站点时公交停靠站的通行能力计算方法进行了研究,但目前其站间距优化模型在应用时,同样有一些参数难以确定。东南大学的陆春其以城市公共交通为对象,着重研究城市公交的站距和站点布局方法。

在停靠站选址方面,国内学者根据不同的思路,分别提出了一些选址模型。同济大学的刘安首先给出公交车停靠时间的分布,然后利用交通流返回波理论,计算出公交车停靠时对道路交通流的影响范围,进而讨论了公交停靠站的位置分布问题。同济大学的彭国雄与莫汉康从工程运用角度出发,说明了交叉口附近公交停靠站选址的一般原则。华南理工大学的谭满春、徐建闽等人对垂直交叉路段和直线型路段,提出了城市公交停靠站的选址离散型模型和连续型模型,阐述了模型解存在性理论依据,并对模型的解进行了相应讨论,最后将研究所取得的成果应用于实用软件的开发。同济大学的杨晓光、阴炳成针对国内外常用的路侧型和路中型公交专用道布置模式,对比不同条件下公交车的车均延误差异,论证了公交专用道的最佳位置,通过建立公交车车均延误模型及交通仿真分析,确定了停靠站的最佳布置位置。

对于公交停靠站的设置形式研究,国内大多是针对性的定性研究。葛宏伟、王炜、陈学武、梅振宇等人对公交停靠站的设置方法进行了研究,并根据不同的道路条件和相应的交通状况,对其类型、尺寸和设置位置作了详细的分析说明。东南大学的蒋文涛研究和探讨了公交站点平面布置的基本原则。石家庄铁道学院的王扬、赵慧丽、王丽娟指出公交站形式的选择时,需要考虑包括专用道在道路横断面上的位置、道路断面形式及交通量等因素,并对主要形式的适应性进行了较为详细的对比分析。

中南大学田春春分析了公交车辆进出港湾式停靠站各个阶段的过程和特点(图 1-50),

提出在公交车辆进站变换车道时,前后轮的运行轨迹是一个互逆的过程,进而在探究直线式公交停靠站和港湾式公交停靠站特性的基础上,对直线式公交停靠站和港湾式公交停靠站适用条件进行量化依据的研究,建立了公交停靠站类型优化模型,并从经济效益、交通安全、公交服务效率等角度,对不同类型的公交停靠站设计形式的适应性进行了定性分析。

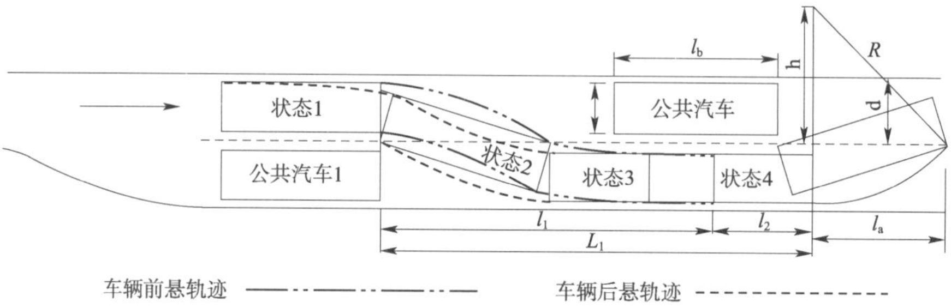

图 1-50　公交车辆进出停靠站的过程

1.4.6.2　发达国家客运停靠站设置技术

在国外,发达国家的公共交通起步很早,已经形成了比较系统的公交线网规划、站点布局、公交优先、智能公交等方面的理论。在公交停靠站方面的研究,由于英美等发达国家主要以大容量轨道交通和私人小汽车作为主要的交通出行方式,道路常规公交车流量较少,发车间隔较大,公交车在停靠站的停靠对道路交通流的影响相对不明显。因此,其研究内容主要集中在公交停靠站的间距优化和基于安全与环境为主要目的的公交停靠站设计上。

在公交站点站距优化研究方面,发达国家早在 20 世纪五六十年代就开始了研究工作,但早期主要以经验和定性分析为主。20 世纪 80 年代以后,研究开始理论化和系统化,提出了多种不同的优化模型。加拿大的 S. C. Wirasinghe 非常系统地讨论了公交停靠站平均站间距的优化确定问题,研究在考虑公交运营成本及乘客出行费用的基础上,以时间为衡量单位建立了优化模型,但是,由于模型的许多参数难以确定,其实用性并不强。Geo. K. Kuab 提出了大体平行的几条公交线路之间的距离及公交线路本身站点之间距离的研究模型,对于城市道路呈比较整齐的方格网状布局的城市公交线路布设有一定的参考意义。Antbony A. saka 提出了基于有公交运营成本限制的平均站间距优化模型,重点研究公交车的运行时间,将公交车的运行时间分为加减速时间、停靠时间、在信号交叉口的停车等候时间、平稳运行时间及其他延误时间等,但没有将公交车在无信号交叉口的可能延误计算进去。Steveul. Chien 等以基于公交乘客到达站点时间最短和最便捷为目标,研究给出了城市某一路段的平均站间距优化模型。Anthony A. sak 建立了一系列的分析模型评价公交车站距对乘客旅行时间及污染物排放的影响,并通过不同站距站点的高峰小时机动车污染物排放的调查分析,得出了一些站距对污染物排放的影响等方面的有益结论。

在公交停靠站的站点选址方面,Konaros A. Gcorge 定性讨论了不同情况下公交停靠站选址与土地合理利用之间的关系,但是并没有进行定量分析。Redrigo Fetnandez 通过对公交的运行特性、上下游交叉口的交通状况等诸多因素的分析,进一步改进了计算公交停靠站通行能力的方法。根据公交停靠站设置形式和影响评定指标的不同,国外一些学者做了很多关于公交停靠站设置对交叉口交通流影响的定性分析及定量计算的工作。Herbert S. Levins 等定性讨论了公交停靠站不能满足公交车停靠需求时,路段和交叉口通行能力受出现的排队长度的影响。Nadia S. A. Ghoneim 等人建立了以公交车辆停靠延误时间与交叉口上下游公交乘客到站时间总和最小为目标函数的公交车辆停靠模型,定性分析了信号交叉口上下游公交停靠站的优劣性,并给出了公交停靠站设置的相关建议。Sam Yagar 等定性分析了交叉口不同信号配时方案、不同公交到达时间等条件下,交叉口上游公交停靠站对信号交叉口交通延误的影响。Fetter 基于直线式公交停靠站设置在交叉口下游时公交停靠对交叉口的影响,建立了不同饱和度下信号交叉口车辆排队长度模型,并利用仿真进行了模型的验证。

在公交停靠站的设置方面,法国的 Maryvolme Dejeammes 分析了直线式公交停靠站和港湾式公交停靠站这两种站点形式对公交车停靠站的影响,并通过调查公交车在港湾式停靠站的停靠能力和停靠特征,对公交停靠站和公交停靠导向系统提出了改良设计方案。Maryvonne Dejeammes 等研究了公交停靠站无障碍设计的实施条件,并在 Grous 的视觉辅助系统和 VISEE 引导系统下进行了构思和测试,提出了公交停靠站合理布局的相关建议,并针对公交停靠导向系统提出了改良设计方案,以确保乘客在公交站点处安全、快速地完成上下公交车辆的过程。Jaime Gibson 等通过评估公交停靠站对公交车辆、公交乘客和其他车辆的影响,建立了一个关于公交停靠站设置布局和公交车辆与乘客之间相互作用的框架来准确定义公交停靠站的通行能力和延误,并通过系统仿真描述该框架的结构和主要特征,根据仿真结果提出了公交停靠站布局改进建议。

1.4.7 客运车辆运行检测技术与车载安全装置

1.4.7.1 我国客运车辆运行检测与安全保障技术

目前,我国已有一些关于客运车辆关键运行参数检测和车辆安全管理信息在途发布的设备和装置。现有的客运车辆关键运行参数检测设备产品主要用于检测车辆运行速度、位置、轨迹等运行参数,具有车辆定位、信号采集、数据传输等功能,但现有检测设备未采集道路环境参数、车辆行驶中轮廓与道路环境的空间位置等参数,不具备车辆运行参数与车辆空间位置和道路环境参数的同步采集功能,而且不具备视频数据存储功能,采样频率也较低,一般在 1Hz 左右。

市场现有的客运车辆安全管理信息在途发布装置是传统车辆行驶记录仪的延伸,主要具有车辆定位、信号采集、记录仪、视频监控、远程通信/控制等传统功能,同时具有应急报警、超速报警、疲劳驾驶报警(驾驶时长大于 2h 或 3h)、区域报警等扩展功能;但现有装置未采集车辆纵/横向加速度、侧倾角等车辆运行姿态参数和车道使用情况(行驶轨迹)等参数,不具备车辆运行姿态偏离、行驶轨迹偏离等的预警功能,不能依据基于车路安全适应性的车辆安全运行条件,通过与车辆实时运行情况对比,进行车辆行车安全风险识别和预警,来实时引导车辆安全行驶。

1.4.7.2 发达国家客运车辆运行检测与安全保障技术

汽车检测技术是逐渐发展起来的。20 世纪 50 年代,西方工业发达的一些国家出现了单项检测技术,并且生产出单项检测设备,单项检测技术主要功能是诊断故障和性能调试。在

20 世纪 60 年代后期，国外的汽车检测诊断技术飞速发展，出现了理化机电和光机电一体化检测技术，这些检测技术是大量应用理化、光学、电子与机械相结合产生的。20 世纪 70 年代以来，科学技术的进步促进了国外汽车检测设备的新发展，具体表现为检测设备更加精密化、自动化、智能化和综合化，并且利用新技术开辟了新的汽车性能检测领域，并进一步研制出新的汽车性能检测设备，还出现了集汽车性能检测诊断、数据采集自动化、检测结果直接打印与控制自动化等功能于一体的现代综合性的汽车性能检测技术及其设备。因此，汽车检测技术是向智能化、自动化和网络化检测的方向发展的。

当今，国际汽车检测设备已具备计算机测控和光机电一体化技术，常用设备有悬架振动试验台、灯光检测仪、尾气分析仪、发动机综合测试仪、侧滑试验台、汽车举升机和制动试验台等，相当一部分检测设备还具备智能化功能和专家系统。可以说，目前的汽车检测设备已经具备了四化，即自动化、智能化、综合化和精密化。

1.4.8　国内外研究与应用综述

综上所述，与本专题农村公路客运安全保障技术研究相关的国内外研究应用现状和趋势呈现如下特点。

(1)在农村公路设计技术与标准方面，发达国家的低等级乡村公路与高等级公路相同，有较为完备且具针对性的设计标准，公路线形和设施设置都比较规范。但发达国家乡村地区经济社会发展态势和乡村公路(或低交通量公路)车型与我国情况差异较大，其设计标准借鉴意义不大。但其先进的设计理念和技术，以及提出针对性设计标准的做法值得我国借鉴。我国农村公路整体技术等级较低，这是与农村地区仍较低的出行量和偏小的车型相匹配的。然而，由于长期以来农村公路建设受到经费严重不足的限制，各地为了在有限资金条件下实现通达目标，在“十五”“十一五”期间，制订和应用了一些地方标准，实质上降低了部分四级路执行的设计标准。同时，我国仍存在大量等外公路，其主要是农村公路，而我国一直以来并没有针对等外公路的、系统的技术要求。这使得相当一部分农村公路的线形和设施条件技术标准很低，从而给农村客运的安全开行带来了严峻挑战。

(2)在公路交通安全评价技术方面，发达国家提出和广泛应用了公路安全评价技术和方法。近年来，更是发展出了 iRap 道路风险评估程序，能够快速、高效和客观地对大规模已有路网进行交通安全风险评估和分级。我国研究和实施公路安全评价较晚，目前也主要以新建高速公路安全评价为主，现行的安全评价规范也以高速和一级公路为主，三级以下低等级公路开展安全评价的少之又少，低等级农村公路开展安全评价既没有可执行的规范，也没有实施的成功先例。我国的道路风险评估程序 China-Rap 虽已经在部分地区少量开展，但其核心模型和方法对低等级农村公路的适应性不强，仍需不断完善。在开行客运的迫切需求下，对线形和设施条件受限的低等级农村公路开展客运车型安全适应性评估尚缺乏技术手段。

(3)在公路安全保障技术方面，发达国家相关技术较为成熟，设施的开发和应用取得了很好的效果，值得我国借鉴。我国从 2004 年开展“安保工程”以来，在安全设施的研发、设置和应用方面取得了长足进步，形成了较为系统的公路安全设施体系。国家科技行动计划、交通运输部建设科技项目等科研计划，针对农村公路开展了低成本的安全设施研发，取得了一定成效,但低等级农村公路在实际建设和养护过程中,交通安全设施的设置仍非常欠缺,显示出安全设施的设置对于这类公路的针对性仍有欠缺。同时,以往我国公路防护设施的性能评价,主要针对小型客车和大型货车两类车型,对车长、车重大于小客车小于大货车,而行车速度低于小客车高于大货车的客运车辆,能否实施有效防护尚存在疑问。

(4)在客运停靠站设置方面,发达国家对于公路客运停靠站普遍给出了明确的设计规范或指南,相关研究也较多。我国对客运车辆停靠站的研究主要集中在城市公交客运站方面,城市道路设计相关标准规范也给出了一些要求和规定。但我国公路上设置客运停靠站在站点选址、站区几何设计、配套设施设置、服务功能等方面尚未作出规定,相关研究也很少,亟待研究和完善。

(5)在客运车辆检测和车载安全装置方面,车辆运行状态检测技术已实现了高度的自动化,检测内容可覆盖绝大多数车辆运行参数。但由于这种检测主要针对的是车辆监控状态的监测或者是故障状态的诊断,且往往限于本品牌车型内部使用,对外是不开放的,这与开展车路匹配研究需要的车辆运行参数检测在系统可用性和检测频率方面都有显著的差异。

第2章　问题与挑战

2.1　问题

2.1.1　农村公路客运发展的经济性问题

我国农村公路客运发展的经济性问题主要体现为经济效益冷热不均。客源分散、冷热不均是目前农村公路客运市场存在的普遍现象。一是线路差别，一般干线客流量较大，支线客流量较小；二是时节差别，农民农闲时出行多，农忙时出行少，尤其是一些人口多、经济欠发达地区，外出务工农民较多，一般是在农忙前返乡、农忙后外出；三是早晚差别，农民出行多是早进城晚回家，所以，同一线路不同班次的效益也有所差别。

由于上述原因，农村公路客运经营者之间争线路、争班次、争客源现象严重，恶性竞争使本来就步履艰难的农村公路客运雪上加霜，许多经营者处于惨淡经营甚至赔本的经营状态。这极大地挫伤了经营者的积极性，制约着农村公路客运的发展。

2.1.2　农村公路客运线路设施条件存在的问题

我国农村公路客运线路设施存在的问题主要体现为基础设施先天不足。路通才能车通，公路的通达是发展农村公路客运的先天条件。近几年，全国各地都在加快实施“村村通油路”工程，这对村村通客车起到了积极的作用。但目前很多农村尤其是贫困地区的农村还没有通油路（或水泥路），不少县（市）建制村通油路率只有50%左右。现有的乡、村公路，多数等级偏低、损坏较快、路面较窄、通车能力差。农村公路客运站建设滞后，全国80%以上的乡镇没有客运站。很多农村无法通车，已通车的由于路面损坏不得不停运。公路和场站建设滞后是农村公路客运发展最大的阻力。

2.1.3　农村公路客运车辆条件存在的问题

农村公路客运车辆条件的问题主要体现为运力结构不够合理。目前，各地农村公路客运市场普遍存在车辆多、车型杂、车辆档次低、车况破旧、安全性能差等问题，多数农村公路客运市场运力出现中巴客车、农用四轮车、农用三轮车、摩托三轮车、微型小汽车等多种车型。农用三轮、四轮车和摩托三轮车安全性能差，是交通运输部明令禁止载客车辆，微型小汽车适合从事出租汽车客运，不适合跑固定线路。普通中巴客车在安全性能、舒适程度、车辆价格方面,符合从事客运的条件,也被许多农村公路客运经营者看中。但是,由于农民出行大都是赶集或进城出售农副新产品、购买农用物资,携带货物较多,如果限制货物上车,农民乘车就没意义了,会减少客源;如果不限制货物上车,就会造成客货混装,既影响车厢卫生,又影响运输安全。所以,普通中巴客车越来越不能满足农民的出行需求。

2.1.4　农村公路客运管理方面存在的问题

车辆管理不严格是农村公路客运管理方面存在的突出问题。对比应采取相应手段,从源头抓起,发展安全运具,严把营运车辆技术关,严格执行车辆技术等级评定制度,搞好安全技术检验,对脱检和非法改装的机动车及时进行检验和依法取缔;对不能出示合法牌证和相关手续的,一律视为非法营运或非法车辆,坚决予以没收或强制报废;不符合要求的客运车辆,一律不准进入客运市场,对从事非法客运和不按规定线路营运的驾驶人依法严查重处。运管部门与有关管理部门要组织专班共同开展打击"三无"车辆、货车、农用车、拖拉机从事非法客运的经营行为,坚决制止超速、超载、疲劳驾驶等违章行为,打击"拉客、宰客、甩客、倒客、卖客"、串线、脱班等违法违规行为,形成齐抓共管局面,净化农村客运市场,让农村客运"村村通"工程健康发展。

2.1.5　农村公路设施存在的主要安全问题

通过调查发现,在实际公路建设过程中,普遍存在通过降低设计时的公路技术等级以节省建设资金的现象;建成后的公路部分路段路幅狭窄,甚至没有路肩和路缘带,公路的线形常常不能满足该等级公路标准要求,急弯和连续急弯多,纵坡和横坡搭配不合理,边坡无治理,无排水设施,路侧临崖、临渠。其安全问题主要有以下几种。

(1)线形不良或组合线形不良。公路平纵线形设计上的不足,出现急弯、连续急弯、陡坡、连续下坡、急弯和陡坡组合等典型路段,如果图 2-1、图 2-2 所示。

图 2-1　连续急弯道路

图 2-2　连续上下坡道路

(2)路幅宽度较窄。会车时容易发生不按规定路线行驶、侵占对方车辆行驶路线、高速抢行会车或会车距离太近等现象,易诱发交通事故,如图 2-3 和图 2-4 所示。

(3)部分公路路基填土高于接入道路。部分公路路基填土高于接入道路现象普遍,路基在垂直方向上产生较大落差,同时,部分道路接入点之间距离太近或对向接入,对主路车流干扰严重,易诱发交通事故,如图 2-5 和图 2-6 所示。

(4)路面破损。水毁或超载车辆造成路面破损而又没有及时修复,如图 2-7 和图 2-8 所示。

图 2-3　单车道错车

图 2-4　长距离路幅过窄

图 2-5　接入点坡度大

图 2-6　道路对向接入

图 2-7　严重破损的路面

图 2-8　破损的路面

(5)视距不良。公路线形不良,急弯、陡坡路段较多,并且部分路段视线受高山、树木等遮挡,行车视距受限,如图 2-9 和图 2-10 所示。

图 2-9　山区视距不良道路

图 2-10　急弯、陡坡与路侧障碍物

(6)安保设施匮乏。目前,绝大部分农村公路安保设施匮乏。就重庆山区而言,县道和乡道上只设置了标志牌、示警柱、示警墩等一些安全设施，少部分特别危险路段设置了波形护栏和缆索护栏，波形护栏和缆索护栏的设置里程甚至不到县乡道总里程的2%。大多数路段上没有任何安全防护设施，村道上除了少数几个交通标志外，几乎没有安保设施。在农村公路长下坡路段上，也没有任何减速设施。原本道路线形较差的农村公路加上落后的安全设施(图2-11～图2-14)，使得农村公路的安全性让人担忧。

图2-11　示警柱

图2-12　标志牌、示警柱

图2-13　示警墩

图2-14　缺乏标志牌及示警桩

2.1.6　农村公路客运车辆存在的主要安全问题

(1)农村公路车辆安全性差。部分地区农村公路客运车辆通勤频次较低或无客运线路，农村公路上三轮车、摩托车、拖拉机、中巴客车等安全性较差的车辆非法载客，这些车辆通常为提高效益而超速、超载行驶，给农村客运安全带来重大交通安全隐患。

(2)农村公路车辆违法行为增多。县乡、乡村间私营客货运输车辆大部分无车辆牌证，定期检验率低。据调查，山区农村摩托车、低速货车、三轮汽车检验率不到50%。一些农村地区驾驶人很少对车辆进行保养维修，不少车辆缺乏法定保险，驾车人容易逃避肇事责任。

(3)部分农村公路重型车比例高，公路容易损坏。通过对农村公路的调研发现，超载车辆为了逃避省道交纳的各种费用，便把行车路线转向农村公路(图2-15)。农村公路不堪重负，载重车辆严重超载、超限，致使公路沉陷、翻浆，桥涵、护岸坍塌严重。修建公路时，沿线乡镇自筹资金、银行贷款、投工投劳等，已经付出了巨大的代价，但维护的速度远远赶不上损坏的速度。农村公路不能设站、设卡治超，导致公路缺乏有效的监管，超载问题得不到有效的解决，公路损毁现象严重。长此以往，将极大地降低农村公路、特别是旅游公路的使用寿命。

图 2-15　载重车辆多的农村公路

2.2　挑战

2.2.1　交通安全形势严峻

安全隐患多是农村公路客运的特点。农村公路运输市场秩序混乱，农民群众安全意识淡薄，拖拉机、农用车、货车载客以及机动车无牌上路、驾驶人无证驾驶、客货混载、超载超速等问题严重，安全事故和隐患突出。

机动车驾驶人员安全素质和驾驶技能普遍较低，与交通安全管理的本质要求还不能完全适应。驾驶人多数文化程度低，驾驶资历短，缺乏严格的技能培训，驾驶技能参差不齐，有的只满足于会驾驶，不熟悉交通管理法律法规，加之驾驶技能普遍较差，遇紧急情况惊慌失措，极易造成事故。此外，农村居民普遍受教育程度不高，文化水平较低，对道路交通安全法律法规和交通安全常识往往一知半解或根本不了解，交通安全意识和法制意识观念淡薄。无证驾驶、客车超员、超速行驶、非客运车辆违法载人、低速货车非法载客、报废车辆从事短途客运以及摩托车超员、无牌无证上路等严重交通违法行为也十分突出。

2.2.2　农村公路客运发展步履维艰

农民居住分散，使农村公路客运具有客流量小、客源不稳定等特点。农村公路客运在运力组织上存在较大问题，往往呈现高峰时段运力不足，低峰时期运力过剩的状况。农村公路客运线路的运营组织方法一般采取定班定线定点的方式，但是农村公路客运的客流量特点导致农村客运缺乏合理调整，线路运营成本上升，经营状况不佳。同时，农村公路客运固定的运营组织方式也促发了非法车辆的客运市场，在线路服务不足的地区，面包车、三轮车等非法营运车辆泛滥。

农村公路客运客源分散、客流不稳定、线路短、票价低、经济效益差，若要充分发展，必须打破其单一的定班、定线、定点的发车模式，引导经营者根据客流变化，采取固定班、上学班、季节班、片区赶集班等多种形式，灵活组织客运方式，提高客运服务水平以及农村公路客运经营者的效益。

2.2.3　农村其他交通方式的竞争

农村公路客运线路上的非法营运车辆，大部分属于当地村民自用的农用运输车、拖拉机、改装摩托车等。他们利用农闲时节非法载客,随叫随走,灵活机动且收费低廉,与一般的农村公路客运相比,非法营运车辆的费用成本支出相对较小。根据浙江省衢州市2010年的调查,农村公路客运成本—收入情况见表2-1❶。

农村公路客运成本—收入情况

表2-1

项目	日平均(元)		备注
	低丘平原营运里程(km) 280	山区道路营运里程(km) 200	
油耗(柴油6.13元/L)扣除补贴后	257(15L/百km,42L) 195	214(17.5L/百km,35L) 162	
油耗补贴	62	52	
轮胎	14(10只/年,500元/只)	15(14只/年,500元/只)	
机油	6	5	
修理及配件	33	20	
车辆折旧	45	50	
检测及二级维护	8	8	季检4次,年检2次,春检1次,平均2700元/年
停车及站务费	9	8	
司售人员工资	110	110	驾驶员60元,售票员50元
管理费	22	10	管理人员工资,办公费、招待费、房租等未计
税收及附加费	9	9	275元/月
保险	35	35	12800元/年
合计成本	548	484	
收入	435	370	
盈亏(收入—合计成本)	-113	-114	
盈亏扣除油耗补贴	-47	-62	

从表2-1可见,如果是非法营运的车辆,保险、司售人员工资、停车站务费、管理费、税收及附加费和检测二级维护的费用都不是必须付出的费用,必须付出的费用主要为油耗、轮胎、机油、修理及配件和车辆折旧费,这些是在一般的车辆运行中都需要包含的费用。因此,相对于正规的农村公路客运,非法营运车辆在票价上比农村公路客运有便宜的空间。

❶ 参见网址 http://www.zjpi.gov.cn/Resource/ContentShow/ItemHtml/2010-07/1485270428/18081649841485270428.html.

第3章 战略思考

3.1 农村地区交通运输发展形势与趋势

交通运输是国民经济的基础性、先导性产业,也是服务型行业,是服务业的重要组成部分,具有明显的服务业特征。马克思在《资本论》中对交通运输的服务功能做过经典的论述:商品在空间上的流通,即实际的移动,就是商品的运输,这种位置的变化就是向乘客和货主提供的"服务"。当前,交通运输的服务性作用越来越凸显,其范围已全面涵盖生产性服务、消费性服务和公共性服务各个服务领域。生产性服务表现为交通运输面向国民经济的所有生产部门,服务过程贯穿于社会生产的各个方面,是与生产关联度较高的行业之一;消费性服务表现为交通运输面向人民群众的日常生活,服务对象涵盖所有社会群体和个体,是惠及千家万户的普遍性服务;公共性服务表现为交通运输面向和谐社会建设,促进就业、改善民生、巩固国防等。

3.2 农村公路客运的定位和作用

农村公路客运属于公共服务业领域,对其进行分析需要结合公共物品理论。一般来讲,人类社会有两种不同的需要:一种是以个人或家庭为单位分别提出的需要,如食品和服装;另一种是以群体为单位共同提出的需要,如灯塔。前一种称作"私人个别需要",后一种称作"社会公共需要"。简单来讲,用于满足私人个别需要的物品,称为私人物品。用于满足社会公共需要的物品,称为公共物品。介于二者之间的物品,被称为准公共物品。

农村公路客运是交通运输的一个组成部分,因此,农村公路客运完全属于公共服务的范畴。农村公路客运的物品属性具体表现如下。

(1)效用具有不可分割性。农村公路客运是为全体农民提供基本出行的普遍服务,任何人都有进站上车接受服务的权利。

(2)消费具有一定非竞争性。在客运需求供给能力范围内,所有农民都可以享受到农村公路客运服务带来的益处。一个人乘车接受服务,而另一个人也需要乘车接受服务时,对其他乘客享受出行服务的数量和质量不产生明显影响,运营生产成本增加甚微。因此,农村公路客运服务具有一定的非竞争性。

(3)受益具有非排他性。农村公路客运服务要求其价格限定在农民用户经济承受能力范围之内，这就使得乘客的消费付费可能不能弥补客运公司的服务成本，即农村公路客运服务具有较大程度的非排他性。

通过对农村公路客运服务物品（服务）属性的分析可以看出，农村公路客运服务首先属于公共服务范畴，而非私人服务。

从国家财力和农村经济水平的影响看，国家财力难以在所有的农村地区提供完全免费的农村公路客运服务，在广大农村经济水平和农民收入水平的购买能力下，大多数贫困地区的农民难以实现以私家车出行代替公共客运，实现公共服务消费的个人化。因此，农村公路客运服务可以分地区、分阶段逐步满足。

在经济发达地区，提供农村公路客运作为公共服务内容。在地方的财力范围之内，可以为农村居民提供低价的出行服务，进行城乡客运一体化或者镇乡公交等形式，让农村居民出行享受经济发展带来的实惠。

在经济欠发达地区，农村公路客运可以采取目前的准公共品的形式，制订适当的票价，满足农民出行，且运营企业不至于亏损过多。

3.3　农村公路客运对农村安全出行的重要意义

发展农村公路客运，不仅可以从根本上解决农民群众出行难的问题，而且有利于农村商品经济的发展，缩小城乡差别，加速城乡一体化进程，有利于"三农"问题的解决，促进构建和谐社会。

但是，由于目前农村道路基础设施差、客运经营条件差、农村公路客运驾驶员整体素质不高，加之各职能部门管理不到位等诸多因素，农村公路客运交通存在着极大的安全隐患。农村道路交通事故已经成为制约农村公路客运发展的主要障碍。因此，各级政府和相关部门必须高度重视。在发展农村公路客运网络建设的同时，切勿忽视农村公路客运安全管理。

3.4　农村公路客运发展战略和政策建议

低等级农村公路沿线的农村公路客运属于政府向公众提供的公益性服务，其发展要纳入公共财政体系，统筹安排，重点扶持。在经济发达地区，对农村公路客运采取扶持的措施，来解决偏远地区的居民出行问题。因此，在总体的政策导向上，应将低等级农村公路客运纳入社会公益性事业的范畴，逐步实行城乡客运一体化。因此，主要的建议如下。

3.4.1　加强政府领导，建立农村公路客运工作领导小组

农村公路客运由于"面广、点散、出行量小"的特点，不为政府所重视，客运市场的规范和发展都非常不完善。建议各地加强对于农村公路客运的领导工作，成立各市县农村公路客运工作领导小组，把农村公路客运服务纳入政府议事日程，建立健全农村公路客运领导协调机制，交通部门发挥协调指导作用，通过各级政府的配套政策，引导企业、社会组织和广大群众等各方力量共同参与，积极发展农村公路客运。

3.4.2 实施较完善的农村公路客运发展政策保障体系

鉴于农村道路条件差、客源分散、运输成本高、经营效益低等因素，政府应加大扶持力度。农村公路客运是农村居民出行的基本方式，应当属于政府提供的基本公共服务一种。因此，需要明确农村公路客运的公共服务属性，将农村公路客运纳入政府公共财政框架，作为公共出行方式的组成部分，应享受与城市公交类似的财政补贴政策，包括财政政策、税费政策和票价政策，以确保农村公路客运开得通、留得住、有效益。

3.4.3 实行规范化的农村公路客运市场管理

(1)整合农村公路客运市场，逐步实现公司化经营。解决农村公路客运市场经营主体散、乱、弱、小的局面，必须从改革经营机制入手，着力整合农村公路客运资源，改变各自为战式的运营组织结构，形成集约化、公司化的规范经营能力，整体提高经营素质和经营合力。集约化经营、公司化管理、规模化发展才是农村公路客运的可行之路。根据各地不同的发展情况，农村公路客运可以逐步开展“六统一”，即统一车型、统一进站、统一排班、统一票价、统一司乘人员服务、统一上岗证。

按照地域运营线路，把相邻的单个分散的经营业户组成经营联合体，实行片区经营，统一调度、统一排班，统一经营运作，规范服务行为，独立核算；先联合后统一，按分片联合—整合运营—全面加盟的步骤，从单个分散的经营过渡组建为以经济为纽带，以现代企业管理制度为运营管理方式，实行集约化、公司化规模经营，淘汰挂靠经营、以包代管的经营模式，真正提高农村公路客运的经营能力和经营管理水平，促进农村公路客运的安全有序，优质服务。

(2)完善农村公路客运市场准入与退出机制。制订农村公路客运市场准入标准，确定农村公路客运市场准入程序和相关要求，采用公开、公正、公平原则选择经营者，从源头上规范客运经营，提高行车安全和服务质量。要加强农村公路客运服务监管，做好包括客运价格、运营范围、运营车辆、服务承诺等运营规范；制订企业质量信誉考核制度，建立和完善行业自我约束机制，推进企业加强内部管理。强化农村公路客运安全监管、完善农村公路客运安全管理机制，建立道路运输企业安全生产责任制，强化对营运车辆的监控，加强对农村公路客运经营者和驾驶员的管理，建立安全生产长效管理机制，制订道路旅客运输企业安全生产评估指标体系和相应标准，定期对公路客运企业的安全生产状况进行评估。

3.4.4 实行灵活的线路运营管理

(1)发达地区建议实行城乡公交一体化。对于途经乡镇、行政村较多的农村公路客运班线，可以按城市公交模式运营，增加停靠站点和班次，提高组织化水平，方便农村居民乘车。在统一优惠政策、统一服务标准的基础上，通过扩展农村公路客运线路、加大发班密度等方式大力推行农村公路客运公交化运营。

(2)在欠发达地区，推荐考虑实行区域线路运营。根据各地农村公路客运线路管理的实践经验和存在的问题，结合我国农村地区的差异，综合考虑各种农村公路客运线路形式的利弊，按照农村公路客运网络体系架构，推荐农村公路客运线路供给在定班定线的基础上，灵活考虑实行区域线路运营模式。区域线路运营即以乡镇为单位或者邻近的乡镇进行联合，在区域内实行营运车辆线路根据出行需求灵活选择的模式。

推荐模式一："定班次与不定班次相结合、定时与不定时相结合"的运营模式，即在每天的早6:00—8:00与晚5:00—8:00之间，各线路必须有固定班次的客车开行，以满足农村居民出行；除以上时间段外，客车可以在规定的地区内从事包车、租车等其他方式的运行。

推荐模式二：农村公路客运实行公司化管理、集约化经营，客运车辆进站归点上下旅客发车，区域化经营的车辆技术等级经鉴定达到一级，统一车身外观颜色和营运标识，统一牌照，在区域内根据乘客需求确定行车路线，不固定线路和时间。

推荐模式三：农村公路客运实行公司化管理，客运在县城或者乡镇设立统一的客运场站，车辆进站归点上下旅客，在客运场站内设置相对固定班线，线路实行循环发车，客满即发车，不确定发车时间。

(3)适应需求开行灵活线路。农村公路客运市场具有点多面广、客源分散、出行时间无规律的特点，因此，在经营管理上，应该因地制宜、因时制宜，根据客源流向、流时的变化规律，优化线路布局，合理调配运力、均衡运量，对客流量不稳定、不适宜每日开行的，要高度扩大农村公路客运经营自主权，采取定域、不定班线(班次)和起止点的经营方式，采用滚动发车、定线循环的运营方式。要结合乡镇赶集、学生周末出行及农村客流状况，开行赶集车、早晚车、周末车、学生车等，满足农村居民的出行需求，提高运营效率和经济效益。

3.4.5 规范引导非法营运车辆，纳入企业化管理

(1)规范非法营运车辆，引导其纳入企业化管理。固定班线客运由于受到客运线路的限制，只能在允许的线路上从事客运经营，这就造成农村居民只能定点、定时出行，没有随意选择性。当有随意出行需求时，需要一种更便捷的运输工具和运输方式出现，而非法载客的车辆具有方便性、灵活性的优势，很快适应了这种需要。但是，由于非法营运车辆的车辆状况、驾驶员水平等存在一定的安全隐患，非法运营载客发生的各种交通事故屡见不鲜。

因此，应大力发展经济适中、安全有保障的农村出租车，充分发挥农村出租车灵活、及时、方便的特点。建议以乡镇为单位，吸收一批非法运营车，通过考试、审核等手段，将非法营运的"面的"车划归所在地运输公司或者是组建的农村公交公司进行管理，确定路线，合理缴费，明确标志，使非法营运合法化，减少农村公路客运发展中的阻力，也有利于缓解运力不足、化解矛盾，为农村公路客运市场的发展创造良好的环境。

(2)打击非法"摩的"、农用车等运载方式。加强对农用车、三轮摩托、报废车辆和面包车从事农村公路客运的管理。进行非法营运车辆的专项整治，规范统一管理。加大交通安全出行的教育宣传力度，逐村、逐户进单位、进学校进行交通安全宣传。在每村建立交通安全联络员，对驾驶人和不安全行为进行监督，特别加强对于禁止乘坐"摩的"、农用车、报废车等非法营运车辆的宣传力度，保证农村居民出行安全性。

3.4.6 优化运力结构，实行农村公路客运车型标准化

结合运力置换，大力推广适合农村公路客运实际的新车型。由于农村地区受到经济水

平的限制，很多客车的更新都是在淘汰车型的基础上进行升级，从而运价比较适中，也方便农民携带少量货物。因此，客运车辆应尽量统一车型，以便于识别和管理。

农村公路客运受到道路条件、客流量等的限制，需要协调农村公路客运车辆与道路条件的匹配性。在道路交通较好、技术等级为三级以上的农村公路，连接地区为商贸比较繁荣、物资比较丰富的农村，以发展中型中级客车为主，可选用4～6m的中型车，车辆为经济型底盘改装并带有行李舱的客车。

对于道路条件受到限制，无法进行改扩建的四级及以下道路，且客流量不足的线路，应该以发展中小型、微型普通客车为主，并充分考虑安全性和乘客携带行李的便捷性。

各地可以根据具体情况，制订符合客运基础条件的车型目录，推荐不同地理条件地区的适用车型，并规定客运车辆的外观、座位数、行李舱等指标。

第4章 安全特性

4.1 农村公路建设相关标准和技术要求

农村公路是县级行政区域内部,连接县城与乡镇、乡镇与村屯以及村屯之间的公路。农村公路是一种行政分类,从我国实际建设情况来看,农村公路的技术等级多样。在东部沿海地区,甚至有县道的技术等级为高速公路的情况,而在西南山区,大量农村公路,特别是村道,还是等外公路。项目研究的农村公路主要考虑的是三级及以下公路,特别是四级和等外公路的设施情况。

我国三级和四级公路的建设主要参考《公路工程技术标准》(JTG B01)和《公路路线设计规范》(JTG D20)等,建设的技术指标比较明确。然而,对于等外公路并没有明确的规定。2004年,为了适应农村公路快速发展的需要,交通部发布了交公路发〔2004〕372号《关于印发农村公路建设指导意见的通知》,其中的附件《农村公路建设暂行技术要求》给出了农村公路建设在线形、路基路面、交通工程设施等方面的最低要求。《农村公路建设暂行技术要求》中给出的部分指标,低于《公路工程技术标准》(JTG B01)和《公路路线设计规范》(JTG D20)等的要求,实际上给出了等外农村公路建设的技术标准。

然而,在交公路发〔2004〕372号文件发布之前,贵州、山西、甘肃、广东、浙江、江苏等地制订了农村公路建设地方标准规范,依据这些地方标准规范,各省已开展了大量农村公路建设。在交公路发〔2004〕372号文件发布后,一些条件受限省份(如贵州、甘肃)仍然依据其地方标准开展了相当里程的村道建设,只是在近几年(如贵州是2012年起),随着条件逐渐具备,才逐步要求所有村道均按交公路发〔2004〕372号文件或部颁标准四级公路建设。

各省制定的农村公路建设地方标准规范,往往根据本省实际情况,适当降低了技术标准。经调研发现,这些地方标准规范,在个别指标上低于交公路发〔2004〕372号文件的要求。

在实际开展农村公路客运工作中,这些依据交公路发〔2004〕372号文件要求和依据地方标准规范,事实上已经突破公路发〔2004〕372号文件标准的农村公路,也有相当一部分开通了客运线路。同时,由于大都修建在地形条件和经济条件受限的地区,这些公路的通行条件短期内很难得到改善。因此,项目对交公路发〔2004〕372号文件要求和各省地方标准规范中突破公路发〔2004〕372号文件标准的内容进行了调研和总结。这些农村公路建设的技术要求,实质上指导了相当一段时期我国农村公路的建设,反映了我国农村公路,特别是山区条件受限农村公路的通行条件。

4.1.1 符合交公路发〔2004〕372 号文件标准的等外公路

我国现行公路设计标准规范没有对等外公路进行任何要求。《关于印发农村公路建设指导意见的通知》(交公路发〔2004〕372 号)中给出的《农村公路建设暂行技术要求》重点规定了等外公路的部分设计要求。

4.1.1.1 设计速度

设计速度可采用 15km/h,回头曲线路段设计速度可采用 10km/h;不同设计速度相邻路段,设计速度差不应大于 20km/h。

4.1.1.2 公路横断面

(1)路基宽。新建公路路基宽度,单车道不应小于 4.5m,双车道不应小于 6.5m;改建公路路基宽度无法满足上述规定时,可保持原路基宽度不变。

(2)路面宽。单车道路面宽度不应小于 3.0m,双车道路面宽度不应小于 5.5m。

(3)错车道。单车道路基应设置错车道,其路基宽度不应小于 6.5m,间距可结合地形、交通量大小、视距等条件确定,有效长度不应小于 10m。

4.1.1.3 建筑限界

受限路段净高不应低于 3.5m。

隧道净高不应小于 3.5m,行车道宽度不应小于 4.0m;长度应严格控制,不应过长;洞内应设置避车洞,并宜采用单向纵坡。

4.1.1.4 公路平面

(1)圆曲线最小半径。设计速度采用 15km/h 时,圆曲线最小半径不应小于 15m。回头曲线设计速度采用 10km/h 时,最小半径不应小于 10m。

(2)超高与加宽。当采用最小半径时,超高不应大于 6%。超高和加宽缓和段最小长度不应小于 15m,单车道路面加宽最小值不应小于 2.5m,超高不大于 6%。

(3)视距。受限路段停车视距不应小于 15m,会车视距不应小于 30m,超车视距不应小于 80m。

4.1.1.5 公路纵断面

当采用最小半径时,纵坡不应大于 5%。单车道公路纵坡不应大于 5.5%。

新建公路最大纵坡不宜大于 10%;改建公路最大纵坡不宜大于 12%,特殊情况下可视当地条件确定;海拔 2000m 以上或积雪冰冻地区最大纵坡不应大于 8%。

新建公路不同纵坡坡度的最大坡长应符合表 4-1 的规定。

不同纵坡坡度的最大坡长 表 4-1

纵坡坡度(%)	5	6	7	8	9	10
最大坡长(m)	1100	900	700	500	350	200

当新建公路越岭路线连续上坡(下坡)路段平均纵坡大于 6% 时,应在不长于 2km 处设较平缓的缓和坡段,缓和坡段的纵坡不应大于 3%,长度不小于 40m。

4.1.2　不符合交公路发〔2004〕372 号文件标准的等外公路

4.1.2.1　设计速度

受限路段可采用 10km/h 和 15km/h 的设计速度，山西省提出的“准四级公路”没有给出设计速度的规定。

4.1.2.2　公路平面

（1）视距。村道在平曲线和竖曲线上的停车和会车视距规定见表 4-2。

村道在平曲线和竖曲线上的停车和会车视距　　表 4-2

设计速度（km/h）	15	10
停车视距（m）	15	10
会车视距（m）	30	20

（2）平曲线最小半径。村道可不设缓和曲线，用直线径相连接。但应设超高加宽缓和段，其长度规定见表 4-3。

村道超高加宽缓和段长度　　表 4-3

设计速度（km/h）	20	10
缓和段最小长度（m）	20	10

村道平曲线最小半径要求见表 4-4。

村道平曲线最小半径　　表 4-4

设计速度（km/h）	15	10
极限最小半径（m）	12	10
一般最小半径（m）	—	15
不设超高最小半径（m）	50	60

（3）圆曲线加宽。平曲线半径等于或小于 60m 时，应在平曲线内侧加宽。双车道路面的加宽值规定见表 4-5。双车道路面的加宽值按表中值加倍。

双车道路面加宽值　　表 4-5

平曲线半径（m）	≤60 ~ 50	<50 ~ 40	<40 ~ 30	<30 ~ 25	<25 ~ 20	<20 ~ 15	<15 ~ 10
加宽值（m）	0.2	0.3	0.4	0.5	0.7	0.9	1.1

（4）回头曲线。村道回头曲线各部分的极限指标规定见表 4-6（取自两个地方标准，因此规定并不连续）。

村道回头曲线各部分的极限指标　　表 4-6

设计速度（km/h）	主曲线最小半径（m）	缓和段最小长度（m）	超高横坡度（%）	单车道路面加宽值（m）	最大纵坡（%）
10	10	15	6	2.5	5.5
15	12	10	6	1.4	5.5

4.1.2.3 公路纵断面

(1)纵坡长度。村道纵坡的最小坡长规定见表4-7。

村道纵坡最小坡长 表4-7

设计速度(km/h)	15	10
最小坡长(m)	50	40

(2)最大坡长。村道不同纵坡的最大坡长规定见表4-8(取自两个地方标准,因此规定并不连续)。

村道不同纵坡最大坡长 表4-8

纵坡坡度(%)	最大坡长(m) 设计速度(km/h)	
	15	10
4	—	1400
5	1000	1100
6	800	900
7	600	700
8	400	500
9	300	350
10	200	250
11	150	180
12		150

(3)平均纵坡。村道连续坡段的平均纵坡大于6%时,应在不长于2km处,设置缓和坡段,缓和坡段的纵坡不应大于3%,其长度不应小于40m。

(4)高原纵坡。在海拔2000m以上的高原地区,村道的最大纵坡值折减应按表4-9的规定。

村道高原最大纵坡值折减 表4-9

海拔高度(m)	2000～3000	3001～4000	4001～5000	5000以上
折减值(%)	2	3	4	5

(5)合成坡度。在设有超高的平曲线上,超高与纵坡的合成坡度值不得超过表4-10的规定。冬季路面有积雪或结冰的地区、自然横坡较陡的傍山路段、非汽车交通比率高的路段,这些特殊地区的村道合成坡度必须小于8%。

超高与纵坡的合成坡度 表4-10

设计速度(km/h)	15	10
合成坡度值(%)	10.5	10.5～12.5

受限路段中设计速度采用15m/h,圆曲线半径采用15m时,纵坡不应大于5%,超高不应大于6%。设计速度10km/h的特殊困难路段,当最小圆曲线半径采用10m时,纵坡不应大于5.5%。

(6)竖曲线。村道在纵坡变更处均应设置竖曲线,竖曲线的最小半径和最小长度规定见表4-11。

村道竖曲线最小半径和最小长度 表4-11

设计速度(km/h)		15	10
凸形竖曲线半径(m)	极限最小值	80	75
	一般最小值	—	150
凹形竖曲线半径(m)	极限最小值	80	75
	一般最小值	—	150
竖曲线最小长度(m)		15	11.0~12.5

4.1.2.4 公路横断面

对于受投资限制的地形困难路段,可采用4.0m的路基宽度(路面宽度3.0m);工程艰巨的特殊困难路段或利用旧路加宽有困难的局部路段,可采用3.5m的路基宽度(路面宽度3.0m)。

4.2 农村公路交通事故情况和特性

4.2.1 农村公路事故形态分布

根据公安部交通管理局统计资料,2009年全国县道、乡村道死亡事故形态分布如图4-1所示。

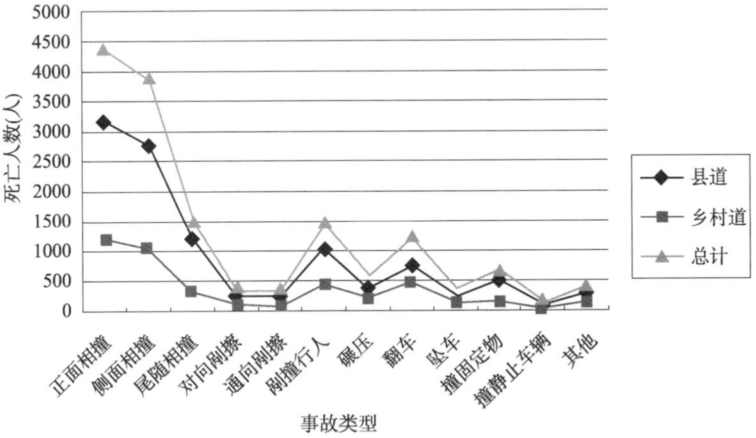

图4-1 2009年全国县道、乡村道死亡事故形态分布

2009年我国农村公路因正面相撞导致的死亡事故的死亡人数占死亡总数的28.5%,远远高出了其他事故类型的死亡事故比例。合并类似事故类型,并将事故类型主要分为碰撞、剐擦、碾压、翻车、撞静止物、坠车和其他,得各类型事故比例分布,如图4-2所示。

农村公路上的死亡事故数据统计显示,事故类型以碰撞、剐擦、翻车为主。受到公路线形条件、公路几何尺寸等影响,车辆自身尺寸与行车速度不适应公路现有条件,如急弯车速过快、路面过窄、路侧边坡过大等,容易发生翻车事故。随着农村公路路面状况逐步改善,农村交通需求逐渐加大,农村公路上的各种机动车与非机动车的行驶速度越来越快,过快的车速不适应低标准的公路线形、几何条件等,一旦视距不良、操作不及时,就可能造成出现碰撞、刷擦、翻车等交通事故。

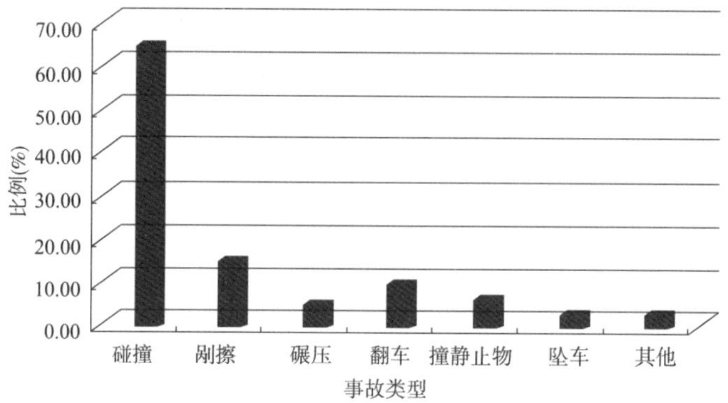

图4-2　全国农村公路死亡事故形态分布比例

4.2.2　农村公路事故路段分布

农村公路中,急弯、陡坡、高路堤等典型路段众多,公路平纵线形组合出现急弯陡坡的现象时有发生。

统计重庆市农村公路事故多发路段类型可知,高路堤路段事故数占总数的75%,说明了涉及路侧的交通事故占有较大比重。高路堤等路侧险要路段成为农村公路事故重灾区,其原因是车速过快、路幅过窄、路侧边坡大,路侧深度较大,加上缺乏合理的交通安全防护措施等公路条件,车辆行驶在这样的路段上,容易因驾驶操作不当而冲出路外,造成翻车、落水等重大交通事故。

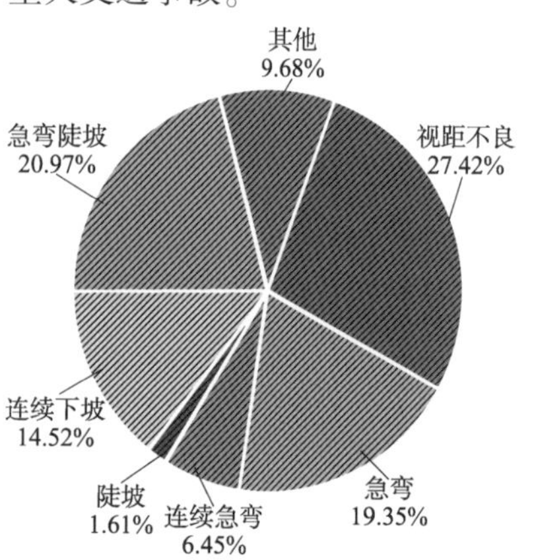

图4-3　贵州省农村公路事故多发典型路段

农村公路设计和建设先天不足,公路上出现了很多急弯、陡坡、视距不良等典型路段,并且平、纵线形组合出现了连续急弯、连续下坡、急弯陡坡等组合路段。由于车速过快、弯道半径超过极限值、客运车辆几何尺寸、车辆性能等因素影响,视距不良、急弯等路段的事故占到较大的比重。

梁祖怀统计了贵州省铜仁市相关公路事故多发路段资料,显示出事故多发路段中视距不良、急弯、连续急弯、急弯陡坡等路段居多,如图4-3所示。

农村公路交叉口视距不良、交叉角度不合理、接入坡度大等,交叉口接入管理混乱状况也严重影响着客运安全。

4.2.3　农村公路事故成因分析

近年来,山区农村公路客运安全问题越来越突出,给人民群众的生命财产安全带来了严重的威胁与损害,导致交通事故发生的重要因素包括以下几个方面。

(1)农村公路技术等级低,路基路面质量差,路侧环境复杂。受到地形地貌和建设资金限制,农村公路路幅过窄,路侧净区不足,线形条件差,技术标准低,急弯、陡坡等典型路段组合形式多,增加了驾驶人操作的复杂性。

一些农村公路路面宽度严重不足,造成会车困难,人车混行时一旦避让不及就会酿成事故;一些农村公路转弯半径不够,公路的交叉路口很少有加宽的路面;一些农村公路交叉口转变半径过小,车辆不得不占道转弯行驶;一些农村公路的急弯处根本就没有设置"反超高"横坡度,临界速度稍快就可能造成车辆侧翻;一些农村公路陡坡底端连接急弯,由于下坡车速过快、急弯视距不良等原因就有可能造成碰撞、翻车或冲出路外交通事故;大部分农村公路路边没有硬质路肩,车辆在行驶中需要停车时,只能停在原本就不宽的公路上,形成路障,可能导致碰撞、剐擦等交通事故。

(2)农村公路交通安全防护措施缺乏或设置不当,达不到安全防护的要求。一些农村公路缺少交通安全设施,无标志、标线、诱导设施、防护设施等安全设施的路段或交叉口大量存在。部分交叉路口属于典型的"三无"路口(无标志、无标线、无信号控制),交叉口相交角度及坡度不规范现象时有发生,相邻交叉口距离过近增加了驾驶人操作的复杂性;一些急弯、陡坡、视距不良等路段缺少相关标志、标线,无视线诱导设施或减速设施等;部分路段路侧边坡较大、路侧临崖、临渠等危险路段,缺少诱导设施、防护设施。总之,农村公路建设提高了公路通达性,但对交通安全防护需求考虑相对不足。

(3)农村机动车存在安全隐患。农村公路车辆组成复杂,包括农用运输车、拖拉机、摩托车与报废车等。随着农村经济的快速发展和农民生活水平的逐步提高,农村机动车以交通运输为主逐渐转变为运输、生产和生活的工具而迅速进入农村家庭。这些车辆绝大多数低效能、年限长、车况差、安全性能差,安全运行条件达不到要求。农村地区还有相当数量机动车未能上牌,大量的无牌、脱检和拼装车以及"病"车上路行驶。

(4)农村交通参与者交通安全、法制教育不足。农村驾驶人文化程度低、驾驶技能不规范、交通安全认知程度低以及接受交通安全教育次数少,无证驾驶、车辆不按规定年检和维护、疲劳驾驶在农村机动车驾驶人中时有发生。

农村居民搭乘非客运车辆、摩托车超载出行的现象非常普遍。长期以来,农村中小学生家庭所在地和学校距离较远且十分分散,大部分中小学生上学、放学必须经过较长的农村公路,在公路上打闹追逐、横穿公路、并排骑车的情况时有发生;很多农村中小学生上学、放学乘坐非法营运的超载的农用车、摩托车,埋下了重大交通安全隐患。

(5)道路交通应急处理体系不足和救护水平低下。山区农村社会经济发展比较落后,救援力量分散,救援经费不足,导致农村地区相当缺乏救护车等紧急救援装备,紧急救护技术也较为落后。在面对重大交通事故时,只能临时从其他地方调集救援设备,延误救援时间。道路交通应急处理和救护水平偏低,其结果是导致死亡率和致残率上升,使事故后果加重。

通过以上分析可看出,农村公路的交通安全现状不容乐观,在事故高发、公路环境复杂的农村公路上开展客运建设面临着巨大的安全挑战。若对农村公路实施安全保障工程,不仅能提高整个农村公路的交通安全水平,还能加强山区农村公路客运的安全保障。

(6)典型农村公路事故成因分析(以重庆市为例)。调查重庆市农村公路客运事故情况,如图4-4所示,其事故数虽然呈逐年下降趋势,但总体情况仍旧不容乐观,且乡道占据总体客运事故的比例逐年攀升,在2012年高达49%,亟须引起注意。

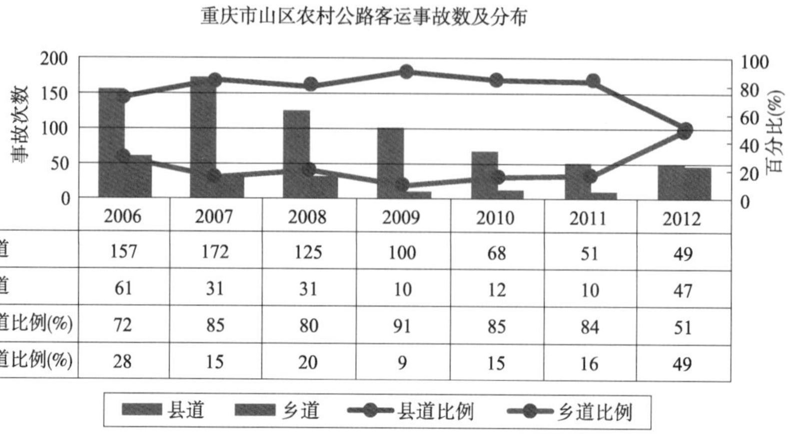

	2006	2007	2008	2009	2010	2011	2012
县道	157	172	125	100	68	51	49
乡道	61	31	31	10	12	10	47
县道比例(%)	72	85	80	91	85	84	51
乡道比例(%)	28	15	20	9	15	16	49

图 4-4　重庆市农村公路客运历年事故数及分布

分析、掌握山区公路客运事故规律,有助于综合治理农村公路客运事故安全问题,提高客车营运安全性,并为宏观政策提供前提和依据。

4.2.4　农村公路安全特征分析

(1)农村公路交通事故死亡率高,群死群伤的特大交通事故多。根据 2009 年的全国道路交通事故统计数据,公路上发生的交通事故 137596 起,共导致 48871 人死亡,占交通事故死亡总人数的 72.1%,如图 4-5 所示。其中,二级、三级和四级公路事故死亡人数分别占 26.0%、16.0% 和 7.2%。2009 年一次死亡 10 人以上特大交通事故统计数据表明,农村公路事故起数比例占到 20.8%,造成了 18.2% 的死、伤人数。

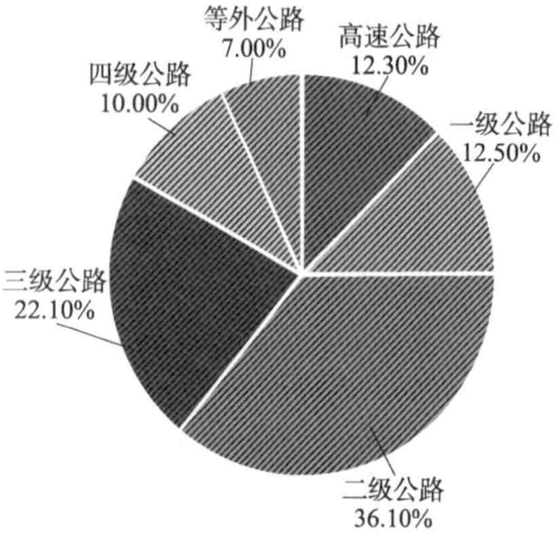

图 4-5　2009 年全国死亡事故公路类型分布

(2)农村公路的交通死亡事故多因超速行驶或未按规定让行。农村公路驾驶人法制观念淡薄、交通安全意识不强,在引发交通事故的违法因素中,超速行驶、未按规定让行、无证驾驶较多。调查的 568 起交通事故中,死亡 46 人,占农村公路交通事故总数的 14.63% 和死亡人数的 35.11%;未按规定让行发生交通事故 369 起,死亡 21 人,分别占农村公路交通事故总数的 9.5% 和死亡人数的 16.03%;违法上路行驶发生交通事故 173 起,死亡 20 人,分别占农村公路交通事故总数的 4.46% 和死亡人数的 15.27%。

(3)农村公路典型路段缺乏交通安全设施发生交通事故比例高。2009 年,全国交通安全设施不全或无防护道路发生交通事故 170886 起,死亡 46881 人,分别占总数的 71.69% 和 69.19%。交通安全设施是农村公路驾驶人最后一道生命线,针对农村公路地形环境复杂的特点,客运车辆行驶在急弯、陡坡、路侧危险路段时,交通安全设施能告知驾驶人前方道路信息,以便于驾驶人及时采取驾驶手段。交通安全设施的缺乏或不齐全,无法满足驾驶人的心理预期,也无法防止事故发生后的更严重的二次事故。

(4)农用车、摩托车事故率高。农村公路上,大货车、农用车、拖拉机等非法客运车辆拉客、报废客车上路营运，造成了许多重大的交通事故。农村客源流动大、范围广、季节性强、实载率低，运价低、运营成本高等原因导致农村客运经济效益差，正规客运车辆利润较低，而乘坐非客运车辆成本低，成为首选的交通工具。同时，农村公路客运执法监管任务重、困难多，警力、经费相对不足，交通管理部门对农村监管力度较小，造成了大部分农村公路基本上处于失控状态，无证驾驶、酒后驾驶、车辆无牌行驶、带“病”行驶、未检未审、超速超载等严重违章现象十分突出。

(5)农村公路上中小学生成为最大的受害群体。公安部统计数据：2009年农村地区中小学生的交通事故比例高达62.3%，成为农村公路最大的受害群体。农村中小学生家庭住址分散，上学路途较远，常常骑行自行车或搭载摩托车、三轮车等安全性能差的交通工具，经常出现并排骑车、超载超速、违法超车、无证驾驶、占道行驶等交通违法行为，故中小学生发生交通事故的事情屡见不鲜。

(6)国道、省道与农村公路交接处、人车密集的乡镇公路交叉口发生交通事故较多。国道、省道与城乡公路接合部，人流、车流密集的乡镇公路交叉口，缺乏必要的安全标志和警告标志，道路两旁缺乏安全防护设施，这是导致这一情况发生的主要原因。农村交通参与者本身交通安全意识薄弱，接受安全教育的机会少，在这样的区域应该树立必要的安全、警告标志，道路两边设置防护设施来减少交通事故的发生。

4.3 农村公路客运交通事故情况和特性

4.3.1 客运事故路段分布特征

农村公路地形险要，路窄、弯急、坡陡、坡长、视距不良、高路堤及支路口等危险路段较多，经常引发重特大交通事故。调研发现，农村公路发生客运事故的路段集中在高路堤、急弯、长大纵坡及支路口，其所占比例如图4-6所示。

高路堤路段极易引发烈度较大的客运事故，占事故多发路段的75%，尤其是那些缺乏防护设施的沿溪、沿河、沿崖、沿塘路段。急弯往往伴随线形的不良组合，线形变化复杂，视距不良，同样易引发客运事故，占事故多发路段的比例为14%。支路口的无序接入、不规范接入，往往成为农村公路客运的事故多发点，所占事故比例为11%。

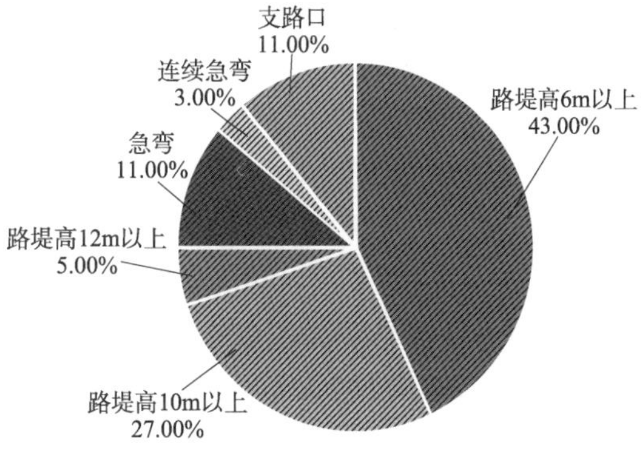

图4-6 农村公路客运事故多发路段类型统计

4.3.2 客运事故形态分布特征

对重庆市2006年至2012年县、乡道客运事故形态进行统计分析(图4-7)，县、乡道历年事故以碰撞和剐擦为主，占总数的85%以上(图4-8)，主要与道路急弯所引起的视距不良及支路无序接入有关。

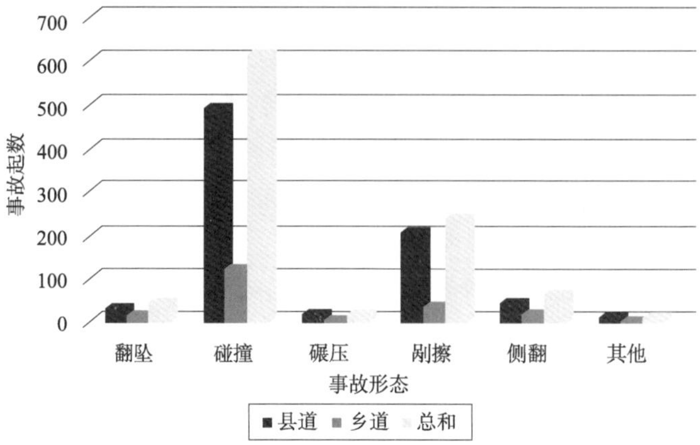

图 4-7　重庆市县、乡道客运事故形态分布

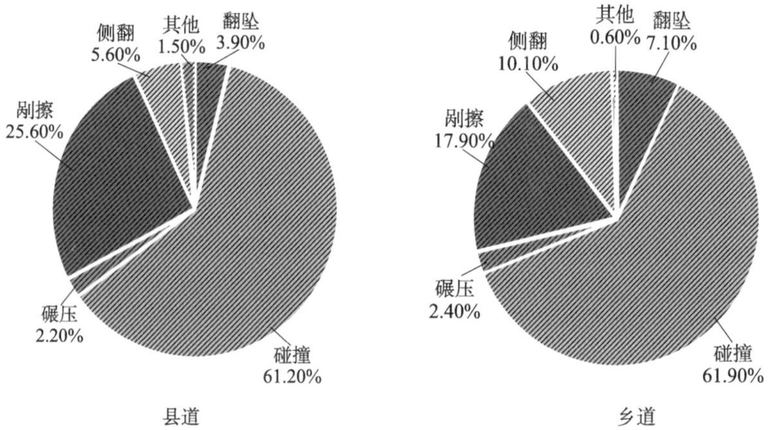

图 4-8　重庆市县、乡道客运事故形态比例

客运事故大部分发生在无防护设施或防护设施强度不够(如水泥混凝土防撞墩或防撞桩)的高路堤危险路段。翻坠车事故是交通事故最严重的一类,极易产生二次次生事故,增大了事故烈度,扩大了事故后果,特别容易发展成重特大交通事故。

4.3.3　客运事故时间分布特征

客运事故与人流量、交通环境都有着密切的关系。经调研发现,山区农村居民出行客运事故主要分布在以下几方面:重大节假日(包括春节前后在外务工人员的返乡)、农村赶集、学校放学和红白喜事。尤其是红白喜事和在外务工人员返乡的春节,农民包车出行现象突出,造成的重大交通事故较多。

4.3.4　客运事故车辆因素分布特征

(1)车辆因素更容易引发死亡人数较多的事故。

(2)引发事故的车辆因素主要包括制动失效、爆胎、机械故障和转向故障。

(3)事故率最高的客运车辆是大型客车。

(4)制动失效引起的事故所占比例最高。

(5)爆胎引起的事故也占有很大的比例。

4.3.5 客运事故车型分布特征

通过图4-9可以发现,微、小型客运车辆事故率低于大、中型客运车辆,说明微、小型客车的安全性优于其他两种车辆,可能是微、小型车比较容易被驾驶人控制操作而不易发生事故的缘故。

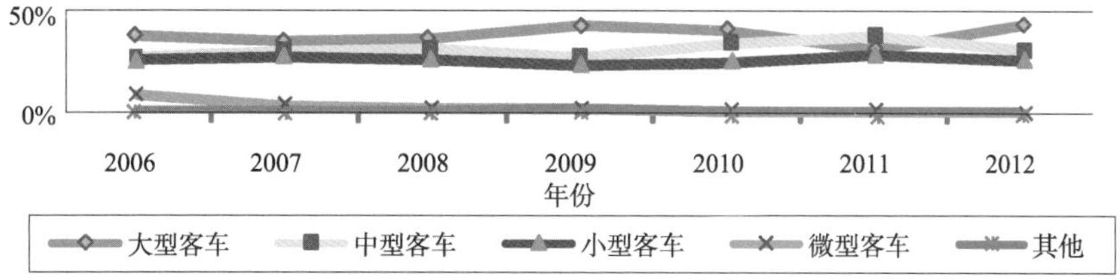

图4-9 客运事故车型分布统计

4.3.6 客运事故肇事原因分布特征

根据统计资料可知,造成交通事故的主要因素是驾驶人,驾驶人因素包括操作不当、驾驶技术不到位、疲劳驾驶及交通违法违章等。据调查,农村公路客运车辆驾驶人原因引发的事故数量占总事故的63.4%,如图4-10所示。第一,驾驶人交通违法违章占事故总量的58%,违法违章情况主要包括超速行驶、逆行、违法变更车道、违法超车等;第二,不良车况也是引发客运交通事故的重要原因,由不良车况引发的客运交通事故占客运总事故量的19%;第三,不良天气和道路条件也成为事故直接原因,但数量较少,占6.6%;第四,其他原因占11%。从以上统计数据中不难看出,驾驶人是引发客运事故的主要原因。

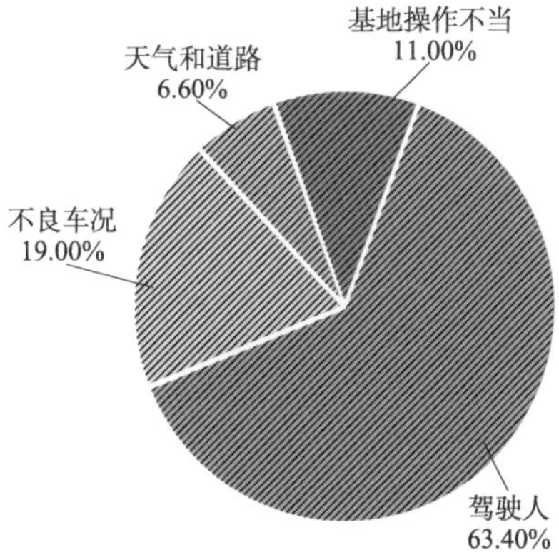

图4-10 交通事故直接原因比例

针对驾驶人引发客运交通事故的原因进行具体划分,分为交通违法违章、操作不当、无证驾驶、疲劳驾驶;交通违法违章又包括超速行驶、逆行、违法变更车道、违法超车、违法倒车、违法掉头、违法会车、违法抢行、违法占道行驶、违反交通信号等;操作不当包括制动不当、转向不当、加速控制不当等,各种原因分布比例如图4-11所示。

从图4-11可以看出,驾驶人交通违法违章占据了驾驶人因素原因的绝大部分,主要是大部分驾驶人未经严格的交通安全法律法规培训教育便驾车上路,他们一般只懂得简单的操作技巧,导致他们时常违反相关交通法律法规而引发交通事故;而无证驾驶和疲劳驾驶主要是监管不力引起的。因此,要减少驾驶人引发的交通事故,必须从管理体制上着手,加强监管力度,加大教育力度,从源头上减少交通事故。

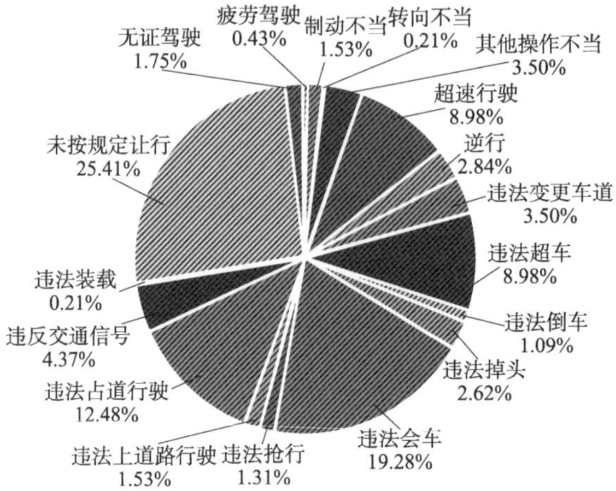

图 4-11　驾驶人因素原因比例分布

4.4　农村公路客运车型状况分析

根据《营运客车类型划分及等级评定》(JT/T 325—2010),将客车车型定为四种,分别是:微型客车,其车身长度小于 3.5m;小型客车,其车身长度为 3.5 ~ 6m;中型客车,其车身长度为 6 ~ 9m;大型客车,其车身长度为 9 ~ 12m。2013 年对本标准进行了修订,将微型客车划归乘用车,并在原小、中、大三类客车的基础上增加了特大型客车,其车身长度为 12 ~ 13.7m。

据调查,发现 2012 年全国主要山区省(自治区、直辖市)营运客车共计 41.36 万辆,按照《营运客车类型划分及等级评定》(JT/T 325—2013)规定,其中客车为 17.60 万辆,客车类型分布见表 4-12,包括:大型客车 2.37 万辆,占 5.73%;中型客车 10.16 万辆,占 24.56%;小型客车 5.07 万辆,占 12.27%,如图 4-12 所示。由图 4-12 可知,山区公路客运以中、小型客车为主。

全国山区省(自治区、直辖市)营运客车类型分布(辆)　　表 4-12

省(区)	客车总计	大型	大型占客车比例(%)	中型	中型占客车比例(%)	小型	小型占客车比例(%)
合计	175988	23677	13.45	101578	57.72	50733	28.83
内蒙古	9188	1423	15.49	6004	65.35	1761	19.17
广西	21397	6312	29.50	11256	52.61	3829	17.90
重庆	19094	2843	14.89	10032	52.54	6219	32.57
四川	44330	3246	7.32	25541	57.62	15543	35.06
贵州	23477	2183	9.30	9439	40.21	11855	50.50
云南	20212	2323	11.49	14896	73.70	2993	14.81
西藏	1999	283	14.16	1335	66.78	381	19.06
陕西	18959	1769	9.33	12266	64.70	4924	25.97
甘肃	10536	1924	18.26	6970	66.15	1642	15.58

续上表

省(区)	客车总计	大型	大型占客车比例(%)	中型	中型占客车比例(%)	小型	小型占客车比例(%)
青海	2737	272	9.94	1613	58.93	852	31.13
宁夏	4059	1099	27.08	2226	54.84	734	18.08

重庆市山区客车共计3.25万辆,包括:大型客车0.28万辆,占8.74%;中型客车1.00万辆,占30.84%;小型客车0.62万辆,占19.12%,如图4-13所示。

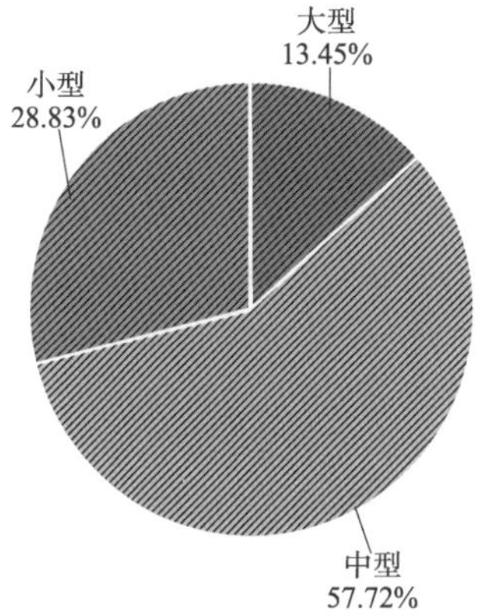

图4-12 全国山区公路客运车型分布

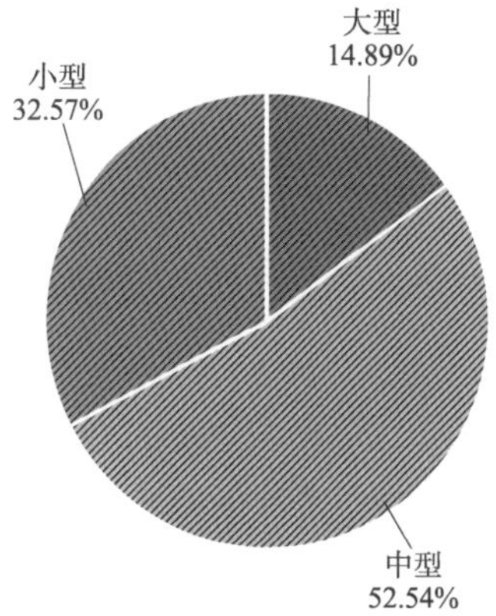

图4-13 重庆市山区公路客运车型分布

中型客车多为县际班车,运行在省道和县道上;小型客车则主要作为县内班车,大多运行在乡道和县道上。

4.5 农村公路客运车辆使用状况

山区农村地区公路客运车辆主要以中、小型客车为主,如图4-14所示。其中,中型客车座位数一般为29座,车身长不超过9m;小型客车座位数一般为19座或9座,车身长不超过6m。

图4-14 万达客车、东风客车、野马客车

在课题实施过程中，课题组成员分别赴贵州、甘肃和宁夏等省、自治区贫困山区进行实地走访，调研了运管局、客运企业，并进行了随车访问。调研得到的山区农村客运车辆的现状如下。

（1）贵州调研情况。截至2011年底，贵州省全省发展农村公路客运班线3896条，农村公路客运车辆17777辆，座位数为251553座。

农村公路客运车辆的座位数方面，以贵州省湄潭县现有的471辆农村公路客运车辆为例进行说明：19座中巴车和8座小客车是主要的客运车型，分别占到总量的49.47%和41.40%，19座及以下车辆占到了总量的99.15%。根据县域的不同，农村公路客运车辆的座位数也略有不同，如关岭布依族苗族自治县全部为10座以上的客运车辆。湄潭县农村公路客运车辆荷载人数分布如图4-15所示，农村公路客运车型如图4-16所示。

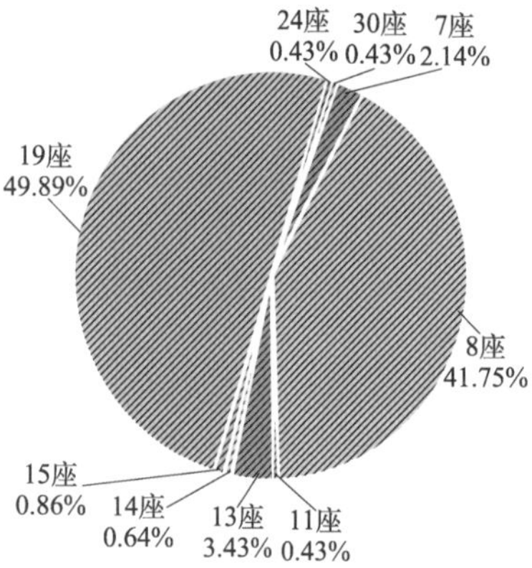

图4-15 湄潭县农村公路客运车辆荷载人数分布

图4-16 农村公路客运中巴车（左侧荷载19人，右侧荷载8人）

各类荷载人数车型外廓尺寸情况见表4-13。

湄潭县农村公路客运车辆荷载人数分布 表4-13

序号	核载人数	外廓尺寸（mm）		
		长	宽	高
1	7	3500	1445	1895
2	8	3730～4970	1500～1690	1860～1935
3	11	5320	1690	2050
4	13	4850	2000	2495
5	14	5200	1700	2250
6	15	5995	2180	3060
7	19	5990～5996	2160～2270	2270～3110
8	24	6560	2270	2970
9	30	7450～8020	2268～2475	3120～3250

在农村公路客运车辆的品牌方面，不同县域差别较大，如湄潭县鸿运客运有限责任公司

主要以上海通用五菱和贵州万达为主,如图 4-17 所示,关岭布依族苗族自治县内农村客运车则有金龙、金旅、依维柯、福田、金杯、全顺、云马、衡山、万达、东风、少林等。

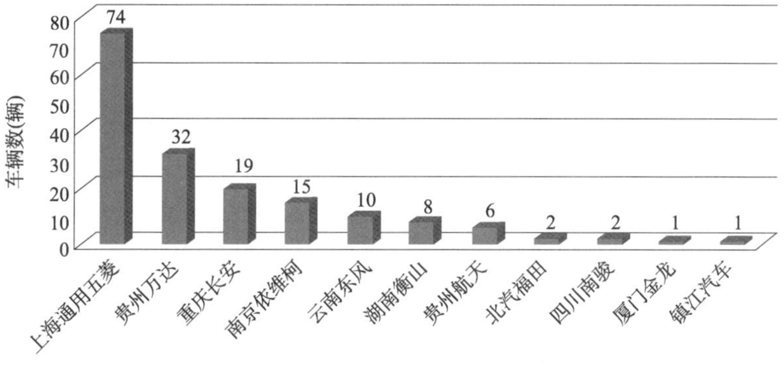

图 4-17　湄潭鸿运公司农村公路客运车辆品牌分布

目前,贵州省运营中的农村公路客运车辆技术等级 100% 能满足相应要求,但各县域间车辆技术等级有所区别,如湄潭县鸿运客运有限责任公司农村公路客运车辆技术等级达到一级的占 32.08%,二级占 67.3%,三级占 0.62%;石阡县启灵运输有限责任公司农村公路客运车辆则 100% 达到了一级。

按照《营运客车类型划分及等级评定》(JT/T 325—2013),贵州省农村公路客运车辆多以小型普通、小型中级为主,如湄潭县农村公路客运车辆中小型中级占 64.78%,小型普通占 32.7%,如图 4-18 所示。

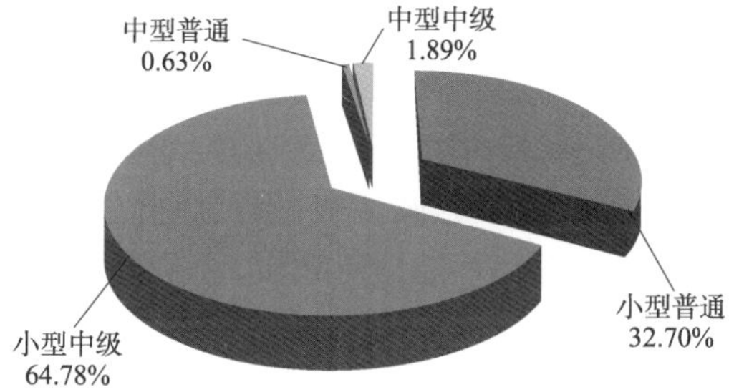

图 4-18　湄潭鸿运公司农村公路客运-营运客车类型

(2)宁夏调研情况。宁夏以 19 座客车的中型车为主,约占 60%,主要用于班线运输;8 座以下的小型客车占 40% 左右,大部分用于乡到村的“区域经营”。宁夏农村公路客运车辆 19 座以上客车占大部分,仅有少量 11 ~ 14 座中型面包车。

从六盘山地区农村公路客运车辆总体情况看,19 座(6m)车为主要车型,这类车能够在四级公路正常运行,但在等外公路上行驶起来有比较大的局限。目前,在等外公路上运行的主要是 8 座微型面包车,对农村公路路面窄、坡陡、急弯多的情况,还缺乏在质心高度、操控性、制动性能、动力性等方面的针对性开发设计,用于道路客运安全隐患相对较大,此外,对农村乘客出行带有较多农副产品和生产资料的需求考虑不足。

4.5.1　农村公路客运代表车型

根据以上农村公路客运车型调研结果,确定低等级农村公路客运车型为小型客车与中型客车。其中三、四级公路客运车型为中型客车,等外公路客运车型为小型客车。各车型的外廓尺寸在确定时,考虑了目前农村公路客运的主要车型,同时参考了目前公路上运行的主流车型,见表4-14。其中,中型客车比现行规范6m长小型车略大,为该类车型的极限值。

低等级农村公路客运车型外廓尺寸规定　　表4-14

车辆类型	总长(m)	总宽(m)	总高(m)	轴距(m)	前悬(m)	后悬(m)	最大爬坡度(%)	核载人数(人)
小型客车	6.0	2.0	2.5	3.3	1.2	1.2	≥25	10~19
中型客车	7.0	2.25	2.8	4.0	1.0	2.0	≥25	≥19

专题选用东风19座客车KM6606PA,车辆参数见表4-15。

营运客车的仿真参数　　表4-15

车 辆 参 数	取　值	车 辆 参 数	取　值
整备质量(kg)	4120	承载质量(kg)	1680
轴距(m)	3.3	轴数(个)	2
外形尺寸(m)	5.995×2.250×3.110	最高车速(km/h)	105
前轮簧下质量(kg)	600	后轮簧下质量(kg)	600
簧上质心至前轴的距离(m)	1.687	簧上质心至后轴的距离(m)	1.613
前轮距(m)	1.750	后轮距(m)	1.586
前悬(m)	1.2	后悬(m)	1.495

4.5.2　农村公路条件对农村客车使用性能的影响

农村公路以三、四级和等外公路为主,技术等级和路面铺装率较低,且公路往往弯多弯急、车道宽度窄、陡坡坡度长、路面状况差,而且农村公路基本上全是混合交通道路,对山区农村客车使用的影响因素主要集中在最小圆曲线半径、纵向坡度、纵坡长度、车道数和路面铺装情况方面,这些因素不仅影响着客车的运行速度,而且严重影响着客车的通过性、动力性和制动性等安全性能。

4.5.2.1　对车辆动力性的影响

山区路段车辆行驶时所受到的阻力包括滚动阻力、空气阻力、坡度阻力等。

(1)滚动阻力。滚动阻力的大小与车轮负荷近似成正比,其比例系数称为滚动阻力系数,其值一般由试验确定。车辆在某些路面上以中、低速行驶时,滚动阻力系数f的值见表4-16。

滚动阻力系数f的数值　　表4-16

路 面 类 型		滚动阻力系数	路 面 类 型	滚动阻力系数
良好的沥青或混凝土路面		0.010~0.018	泥泞土路(雨季或解冻期)	0.100~0.250
一般的沥青或混凝土路面		0.018~0.020	干砂	0.100~0.300
碎石路面		0.020~0.025	湿砂	0.060~0.150
良好的卵石路面		0.025~0.030	结冰路面	0.015~0.030
坑洼的卵石路面		0.035~0.050	压紧的雪道	0.030~0.050
压紧土路	干燥的	0.025~0.035		
	雨后的	0.050~0.150		

(2)空气阻力。空气阻力是指行驶车辆受到来自空气的阻碍作用。空气阻力大小与行驶车速(V)、车辆的迎风面积(A)、空气阻力系数(C_D)、空气密度(ρ)密切相关,一般空气阻力计算公式可表示为

$$F_w = \frac{1}{2}C_D A\rho V^2 \tag{4-1}$$

(3)坡度阻力。坡度阻力是指当客运车辆在坡道上行驶时,车辆的重力沿坡道的分力,当车辆上坡行驶时,为阻力;下坡行驶时,则为动力。该力的大小可用公式表示为

$$F_i = \pm G\sin\alpha_0 \tag{4-2}$$

式中:+——车辆下坡时;

-——车辆上坡时;

G——车辆的重力;

α_0——坡道的坡度角。

(4)加速阻力。汽车加速行驶时,需要克服其质量加速运动时的惯性力,就是加速阻力。汽车的质量分为平移质量和旋转质量两部分。加速时,不仅平移质量产生惯性力,旋转质量也产生惯性力偶矩。为了便于计算,一般把旋转质量的惯性力偶矩转化为平移质量的惯性力,对于固定传动比的汽车,常以系数δ作为计入旋转质量惯性力偶矩后的汽车旋转质量换算系数。汽车的加速时的阻力可以表示为

$$F_j = \delta m\frac{\mathrm{d}u}{\mathrm{d}t} \tag{4-3}$$

4.5.2.2 对车辆通过性的影响

(1)车辆的最小离地间隙是山区公路客运车辆通过性的重要指标,反映的是汽车无碰撞通过有障碍物或凹凸不平的地面的能力。最小离地间隙越大,车辆通过有障碍物或凹凸不平的地面的能力越强,但质心偏高,降低了稳定性;最小离地间隙越小,车辆通过有障碍物或凹凸不平地面的能力就越弱,但重心低,可增加稳定性。所以,车辆的最小离地间隙选取要适中,具体可根据当地的地形地貌进行选择。

(2)最小转弯直径是山区农村客运车辆选型的另一个重要指标。最小转弯直径是当转向盘转到极限位置,汽车以最低稳定车速转向行驶时,外侧转向轮的中心平面在支承平面上滚过的轨道圆直径。它在很大程度上表征了汽车能够通过狭窄弯曲地带或绕过不可越过的障碍物的能力。转弯直径越小,汽车的机动性能就越好。山区道路由于弯多且大,常出现U形或者更小转弯半径的弯道,所以对车辆的最小转弯半径要求比较严格。最小转弯半径和车体的大小有直接的关系,所以,山区农村公路客运车辆体积上不能过于庞大。另外,车辆的纵向通过角、接近角和离去角也是影响车辆通过性的重要指标,在山区农村公路客运车辆选型中都需要根据具体的地貌加以选择。

4.5.2.3 对车辆爬坡性能的影响

从调研的情况来看,农村公路中四级和等外公路约占农村公路总里程的97%,农村客车在这种公路条件下运行,车辆应能适应四级及以下公路纵向坡度的影响,并应考虑未铺装路面行驶阻力的增加对车辆运行速度的影响。表4-17为《公路工程技术标准》(JTG B01—2014)

要求的各等级公路的最大纵向坡度,表4-18为不同路面铺装层对车辆运行的影响。

不同等级公路的最大纵向坡度　　表4-17

公路等级	高速公路				一级公路		二级公路		三级公路		四级公路	
计算行车速度(km/h)	120	100	80	60	100	60	80	40	60	30	40	20
最大纵坡(%)	3	4	5	5	4	6	5	7	6	8	6	9

路面铺装层对车辆运行的影响　　表4-18

指　　标	混凝土与沥青路面	沥青矿渣混合路面	碎石路面	卵石路面	天然路面
滚动阻力系数	0.014	0.020	0.032	0.040	0.080
平均技术速度(km/h)	66	56	36	27	20

4.5.2.4　对车辆制动性的影响

车辆的制动性能是汽车的主要性能之一,它关系到行车的安全性。评价一辆汽车的制动性能最基本的指标是制动加速度、制动距离、制动时间和制动时方向的稳定性。制动时方向的稳定性是指汽车制动时仍按指定方向的轨迹行驶。如果汽车因为紧急制动(尤其是高速行驶时)而使车轮完全抱死,则是非常危险的工况。若前轮抱死,将使汽车失去转向能力;若后轮抱死,将会出现甩尾或掉头(跑偏、侧滑),尤其在路面湿滑的情况下,会对行车安全造成极大的危害。防抱死制动系统(ABS)能有效控制车轮保持在转动状态,提高制动时汽车的稳定性及较差路面条件下的汽车制动性能。

《机动车运行安全技术要求》(GB 7258—2017)规定:"所有汽车(三轮汽车、五轴及五轴以上专项作业车除外)及总质量大于3500kg的挂车应装备符合规定的防抱制动装置。"山区农村客运车辆由于经济条件所限以及以往没有相关标准强制要求安装ABS,大部分车辆都没有安装ABS,这就降低了山区农村客运安全行车的安全保障。山区道路路况差、多雨道路易湿滑,道路附着系数小,行车容易发生侧滑,所以建议山区农村客车将配备ABS作为一项最基本的要求,以往未安装ABS的车辆,应安装后方可上路运营。

农村公路海拔变化很大,几千米的连续坡是比较常见的。农村客车在长大下坡上行驶时,由于长时间、反复使用制动器,加上客车有的制动器散热不良,经常出现制动热衰退现象,制动热衰退是引发道路交通事故的主要原因之一,因此,预防和降低热衰退现象的发生,是山区农村客车需要特别考虑的关键问题。

4.5.2.5　对车辆其他性能的影响

除了上述几项重要性能外,选择客货分离的车厢也比较符合山区农村公路客运的特点。因为客货分离有助于改善车厢内的环境,既没有占用车厢内旅客的空间,减小了超载的可能性,又解决了农民出行所携带行李过多的问题。

另外,车辆的爬坡能力也是需要考虑的一个重要问题,山区道路坡多且坡度大,车辆的爬坡能力如果不足,将严重影响车辆的动力性,满足不了农民的基本出行需求。

第5章 发展模式

5.1 农村公路客运运营组织基本要求及组织方式

5.1.1 基本要求

新时期,对农村公路客运经营组织管理方式的基本要求,应符合如下几个方面。

(1)充分体现"以人为本"理念。农村公路客运的服务对象是人而不是物,农村公路客运要充分注意乘车人的服务需求,制订人性化的经营组织管理目标,努力提高服务质量,尽可能使广大农民群众出行方便、舒适。

(2)安全有保障。按照《中华人民共和国安全生产法》的有关要求,研究和制定安全生产管理的规章制度,包括驾驶员招聘、培训、教育和管理制度,营运车辆二级维护、技术检验和动态监控制度等,尽可能降低事故发生率,保障农村居民的人身安全和财产安全。

(3)切合农村实际。农村公路客运的服务对象主要是农民群众,农村公路客运经营组织管理方式应该符合农村和农村居民的实际需要。例如,农村居民喜欢民俗节日和集市集中出行,公路客运运力的安排调度必须考虑这一特点,基本达到农村居民集中出行的运力需求。同时,要考虑农村居民的经济承受能力,合理定价。

5.1.2 组织方式

线路的有效组织是实现运输资源优化配置的基础和必要手段,而线路的有效组织是建立在经营主体规模化集约化的基础之上的,原先农村公路客运市场主体的"散、小、弱、差"是无法进行线路的优化组织的。因此,为了实现运输资源时空分布的优化和农村公路客运线路运行的有效组织,需要综合考虑不同的客运线路组织方式。

(1)班车经营。这是一种传统的经营模式,进站经营,定点定时发班,依线运行,适用于经济较发达、客流相对集中、运力运量基本平衡、市场秩序比较稳定的地区。一般而言,除了城市公交以外的道路旅客运输方式基本上是采用班线运营。农村客运,通常在县(市)域范围以内运营,因而,基于农村客流的特征,其班线的运距短、出行频率较高。在班线运营方式下,线路的走向和名称固定;站点设置起点和终点,沿途固定停靠站较少;车型选取不够统一,有大有小,有豪华的也有低劣的;线路发车频率不够固定,特别是在农村,很多车辆等到客满才发车;由于须缴纳公路规费,线路票价普遍偏高,且不同线路长度票价不同。

(2)公交化经营。按公交的运营模式,需要固定的线路编号和名称;公交运行需要有相应的首末站、固定停靠站点以及相应的配套设施;公交发车时间和频率必须固定,不以客流要求变化而定;公交车型必须符合相应的技术标准;公交票价应当统一,适用于经济发达地区的城乡接合部。早晚客流集中,平时客流量相对稳定,客运车辆密集,票价相对较低,主要依靠稳定客源获利。

(3)特色班车线路。对一些不具备普通班车经营条件的农村公路客运线路,可根据沿线学校、医院、邮局、集市等公共设施的布局,由客运企业在某个时间段开行班车,满足农民出行需求。例如,隔日班、周末班、赶集班、学生班等。

(4)区域线路。运管部门将一个经营区域采取招标的方式,交给一个公司经营,由公司制订相应的运营计划,自行确定经营区域内的投入运力、开行班次、线路走向,保证区域内所有的行政村在规定时间内能够通车。

农村公路客运区域线路经营,多基于一条或多条主干线路与其相应的衍生支线在空间上形成一个片区,进行统筹组织。空间上,采用按线定位和划片区组织相结合;时间上,根据不同线路的客流特征采用不同的线路组织方式,兼顾冷、热线路,设置特色班车线路。

农村地区的公路网多由干线和支线组成。在干线公路上运行的农村公路客运成为农村客运主干线,在支线上运行的农村客运多为辐射一般乡镇以及镇村线路。

①干线客运。根据客流空间分布特点,断面客流强度差异较大的主干线路可采用分段频率发车形式,即依据线路断面客流量分布将主干线分为若干区段,在不同的区段上采用不同的发车频率,实现干线分段强度服务。

②支线客运。根据客流时间分布的差异性,支线线路采用"V"形、"O"形行车组织或者组合的形式(图5-1、图5-2),从不同位置、不同时段将不同村庄的客流联系起来,并与主干线端点联系,实现多条线路客流的集散与换乘。

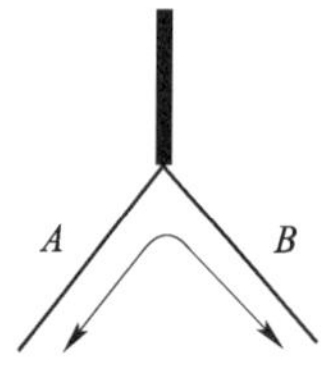

图5-1　V形线路组合

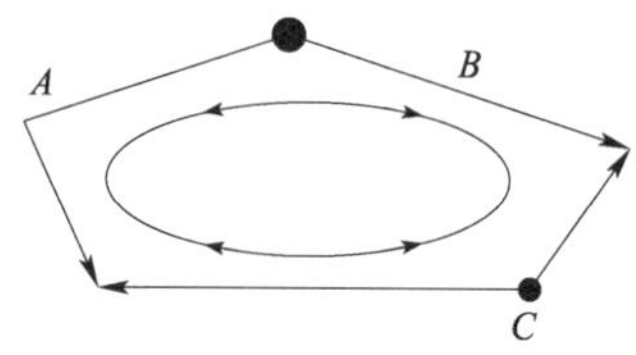

图5-2　O形线路组合

③捆绑经营。运管部门在许可班线的时候,将热线和冷线捆绑在一起招标,中标者必须同时经营两条或多条线路,适用于当地农村客运线路冷热不均,且经营者实行公司化经营的地区。这种模式既保证经营公司具有一定的收益,同时也保证满足冷线地区居民的出行需求,但冷线需加强行业监管,以避免停班和塌班。

④延伸经营。将一条经营效益比较稳定的客运线路延伸,通达几个未通车的村,延伸的村不一定每班车都开行到,但必须每天至少开行一次。这种方式简单易行且不增加新运力,可保持市场秩序的稳定。

⑤农村公路客运电话预约:在乡镇范围内建立电话预约中心,负责整个区域内的农村居民出行的电话预约服务,不限制在区域内的运行线路和停靠站。

5.2　农村公路客运组织模式阶段

5.2.1　影响因素

由于各地在经济、城镇化、交通发展、客运需求等方面存在差异，固定班线的农村公路客运模式难以适应不同地区的实际条件，故模式设计应因地制宜，综合考虑。

动态递进。虽然不同基础条件下其适宜的发展模式各不相同，但不同模式间具有相对性、可变性和兼容性，而非一成不变的固化模式。当某一地区的基础条件提升、满足上一阶段发展模式的要求后，可实现模式间的自动转化，这就是模式的相对性和可变性。而兼容性是指某一地区虽以发展模式的某一阶段为主导，但因发展不平衡，还存在个别乡（镇）、村采用发展模式的另一阶段运行，故模式阶段间是可以兼容的。

不同的农村公路客运发展模式主要受到地区经济发展水平、社会发展水平、道路交通发展水平三个方面的影响，具体分析如下。

(1)地区经济发展水平。它是地区财政收入、居民收入、财政补贴等一系列活动推行的基础，是城乡道路客运的基础；地区经济实力的强弱在很大程度上决定了地区交通基础设施水平以及推进城乡道路客运发展的快慢、难易，也决定了城乡居民享受出行服务的方式、质量。为适时反映这方面的影响，借鉴国际经验，选用人均国内生产总值指标予以反映，不仅能体现某一地区的经济实力，更能体现地区间的经济差异，指标数据的获取也相对容易，具有一定的实际可操作意义。

(2)社会发展水平。结合地区经济发展水平以及调研情况，选择城镇化率为指标反映社会发展水平，原因在于城镇化率常用于反映人口向城市聚集的过程和聚集程度，除能表征一个国家或地区经济社会发展情况外，也是衡量一个国家或地区社会组织程度和管理水平的重要标志。

(3)道路交通发展水平。农村公路客运服务必须在公路达到一定标准的前提下才可开通。因此，选择行政村公路通畅率为指标来反映道路交通发展水平，具有重要的现实意义。

5.2.2　组织模式

考虑到我国地区发展不平衡性，农村公路客运发展模式不能一刀切，要寻找符合本地区发展的客运组织形式。考虑地区经济发展、社会发展和道路发展水平，农村公路客运组织可以在以下典型形式中选择，当然也可以是多种形式的组合，并不局限于此。

5.2.2.1　模式一：城乡客运一体化

城乡客运一体化是指农村公路客运采取与城市公交相同的运行模式。

实施条件：经济发达地区、道路条件良好、出行需求较为集中。

经营组织模式：经营主体可以由具有成熟公交管理经验的大型道路客运企业或者原有企业进行公司化改造，统一经营主体，实行规模化、集约化管理。采取特许经营模式，使公交完全开行于区县各乡、镇、村内部或区间，实现城市公交全覆盖。公交车辆应配置大中型运营客车，服务规范；普及IC卡装置，实现刷卡收费。建立GPS联网联控系统，实现智能化、科学化、规范化的车辆调度管理。在运行过程中，执行城市公交核载标准。享受公交低票价及特殊人群优惠政策。

5.2.2.2 模式二：城乡公交化+乡镇内区域化运营

实施条件：经济条件较好、道路条件能够满足要求。

经营组织模式：经营主体由具有成熟公交管理经验的大中型道路客运企业；实行规模化、集约化管理。对于城乡接合部采取特许经营模式，开行城市公交车辆，实现城市公交全覆盖。对有一个端点在乡（镇）、村的农村地区，可以采用区域经营、特色班车经营等经营模式开行农村客运车辆。在城乡接合部，配置城市公交车辆；其他区域，合理选择适宜农村地区自然条件、交通基础设施、经济发展水平的中小型客运车辆。城乡接合部运行车辆，允许有站位，执行城市公交核载标准；其他区域，农村客运车辆按座位核算人数。城乡公交、农村客运均享有低票价，城市公交实行一票制或分段计票制，农村客运实行分段计票制，两种方式均实行特殊人群优惠和基本均等的优惠政策。

5.2.2.3 模式三：城乡公交化+乡镇内电话预约运营

经营组织模式：经营主体为具有成熟公交管理经验的大中型道路客运企业，实行规模化、集约化管理。对于城乡接合部采取特许经营模式，开行城市公交车辆，实现城市公交全覆盖。对有一个端点在乡（镇）、村的农村地区，可以采用定班定线加电话预约的经营模式，既满足固定的一般需求，也满足临时的特殊出行需求。在城乡接合部，配置城市公交车辆；其他区域，合理选择适宜农村地区自然条件、交通基础设施、经济发展水平的中小型客运车辆。城乡接合部运行车辆，允许有站位，执行城市公交核载标准；其他区域，农村客运车辆按座位核算人数。

5.2.2.4 模式四：区域经营+特色经营

经营主体由具有成熟公交管理经验的大中型道路客运企业统一经营。在城乡接合部以及人口相对密集、道路条件较好的农村地区，采用区域经营、特色班车经营等经营模式，实现农村客运“公交化”；在道路通行条件较差的、人口居住分散、位置偏远的农村地区，鉴于农村客流季节性、时段性等不稳定的特点，可采用区域经营、特色班车经营、捆绑经营、专线经营、循环经营等多种经营模式，允许采用通道型运输、农村客运电招等客运组织形式开行农村客运，实现农村客运网络化建设。合理选择适宜农村地区自然条件、交通基础设施、经济发展水平的中小型客运车辆。载客标准按座位数核算人数。

5.2.2.5 模式五：定班定线+特色经营

经营主体由具有成熟公交管理经验的大中型道路客运企业统一经营。在人口相对密集、道路条件较好的农村地区，采取定班定线的方式，满足居民出行需求；在道路通行条件较差的、人口居住分散、位置偏远的农村地区，鉴于农村客流季节性、时段性等不稳定的特点，可采用区域经营、特色班车经营、捆绑经营、专线经营、循环经营等多种经营模式，允许采用通道型运输、农村客运电招等客运组织形式开行农村客运，实现农村客运网络化建设。合理选择适宜农村地区自然条件、交通基础设施、经济发展水平的中小型客运车辆。载客标准按座位数核算人数。

5.3 农村公路客运组织模式建议

5.3.1 建立农村公路客运分级运输的班线网络

把从县城到行政村的运输过程分成三级，以县县班线为第一级，以县乡班线为第二级，以乡村班线为第三级。第一级农村公路客运班线，推荐实行专线客运为主，主要是由于第一级客运班线客流较平稳、均匀，突发性峰期较少，应发挥专线客运安全、舒适、快速的优势。

5.3.2 因势利导灵活安排线路班次

实现常规客运为主、流动客运和约定客运为辅的经营方式。按照正常客源建立的专线客运和班车客运属于常规客运。由于常规客运担负着农村公路客运网络的正常运转，其运力结构、发班方式及发班时间一般不宜变动。对客流量相对较大的地区，可采用滚动发车、定线循环运行的营运方式。对省内偏远地区的客运班次安排，可采用更加灵活的方式，打破“三定”限制，由经营者根据市场情况资助决定。对客流量小的线路，可减少直达班次，视情况代行隔日班、周班、赶集班，组织小客车实行定点经营，实现干线客运班车与小客车的对接，建立市县、乡镇和村三级客运网络，车辆分段、循环经营的方式，提高车辆实载率。为了满足农民群众办理婚嫁喜庆等大事、急事的需要，可以实行约定客运方式，设定服务电话，随叫随到，及时服务。

5.3.3 实施农村客运公司化经营

积极推进公车公营为主的经营组织管理方式。对原分散的经营主体实施整合，一条线路或一个区域确定一个主体，实行公司化经营。公车公营有利于企业按照既定的管理措施和管理办法，对营运客车实施有效调度和动态监控，对客运运力实施合理安排，从而实现经营管理效益最大化和事故损失最小化，规范化经营管理，确保优质服务，确保安全生产。

5.3.4 实行区域统一组织管理

为了促进乡村一级客运的快速发展，必须在充分发挥经营者自主经营、自主管理作用的前提下，实施客运区域统一经营组织管理。对农村居民联系较紧密、农副产品互市较多的若干个相邻乡镇组成的区域，实施客运统一经营组织管理，由区域内的参营客运企业联合组成一个机构，负责对本区域内的客运经营活动进行监督，并对流动客运运力进行统一组织调度，以使本区域的客车高效运转和客运运力科学安排、合理调度，并能够与周边区域相衔接。客运区域经管机构是属于自律性的企业合作组织，不能行使行政管理职能。

第6章　农村客运车辆通行条件

6.1　低等级公路线形对客运车辆运行安全性的影响

6.1.1　低等级公路线形对客运车辆行驶稳定性影响的仿真分析

6.1.1.1　车辆动力学模型

侧向速度 V_y、横摆角速度 r、侧倾角速度 φ 为车辆运动自由度，车辆前进速度始终维持恒定。

车辆稳态行驶时，作用于车辆的侧向力、横摆力矩和侧倾力矩分别保持平衡，如式(6-1)所示：

$$\begin{cases}\sum Y - \sum F_y = 0\\ \sum N - \sum M_z = 0\\ \sum L - \sum M_x = 0\end{cases} \tag{6-1}$$

式中：Y、N、L——地面作用于轮胎上的侧向力、外力横摆力矩和外力侧倾力矩；

F_y、M_z、M_x——车辆自身产生的侧向力、横摆力矩和侧倾力矩。

图6-1和图6-2所示分别为车辆 xy 平面内和侧倾平面内的受力分析图，由此可得车辆三自由度动力学模型为

$$\begin{cases}m(\dot{V}_y + Vr) - m_S h_S \ddot{\varphi} = 2F_{yf} + 2F_{yr}\\ I_z \dot{r} - I_{zx}\ddot{\varphi} = 2F_{yf} l_f - 2F_{yr} l_r\\ I_x \ddot{\varphi} - I_{xz}\dot{r} - m_S h_S(\dot{V}_y + Vr) = (m_S g h_S - k_f - k_r)\varphi - (C_f + C_r)\dot{\varphi}\end{cases}$$

$$\begin{cases}m(\dot{V}_y + Vr) - m_S h_S \ddot{\varphi} = 2F_{yf} + 2F_{yr}\\ I_z \dot{r} - I_{zx}\ddot{\varphi} = 2F_{yf} l_f - 2F_{yr} l_r\\ I_x \ddot{\varphi} - I_{xz}\dot{r} - m_S h_S(\dot{V}_y + Vr) = (m_S g h_S - k_f - k_r)\varphi - (C_f + C_r)\dot{\varphi}\end{cases} \tag{6-2}$$

式中：m——整车质量，kg；

V_y——车辆纵向速度，m/s；

V——车辆前进速度，m/s；

r——车辆横摆角速度，rad/s；

m_S——车辆簧上质量,kg;

h_S——簧上质量质心至侧倾轴的距离,m;

φ——车身侧倾角,rad;

F_{yf}——前轮侧偏力,N;

F_{yr}——后轮侧偏力,N;

l_f——前轮至整车质心的距离,m;

l_r——后轮至整车质心的距离,m;

I_z——整车质量绕 z 轴的惯性矩,$kg \cdot m^2$;

I_{zx}——簧上质量关于 z 轴和 x 轴的转动惯量,$kg \cdot m^2$;

I_x——簧上质量绕 x 轴的惯性矩,$kg \cdot m^2$;

k_f,k_r——前、后悬架的侧倾刚度,$N \cdot m/rad$;

C_f,C_r——前、后悬架的侧倾角刚度,$N \cdot m \cdot s/rad$。

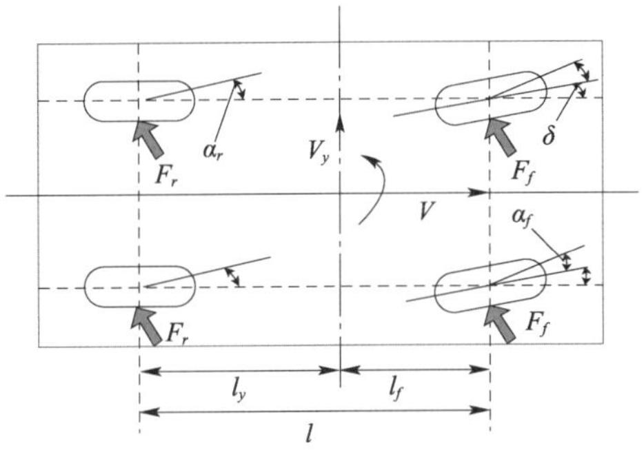

图6-1　车辆 xy 平面内的受力分析

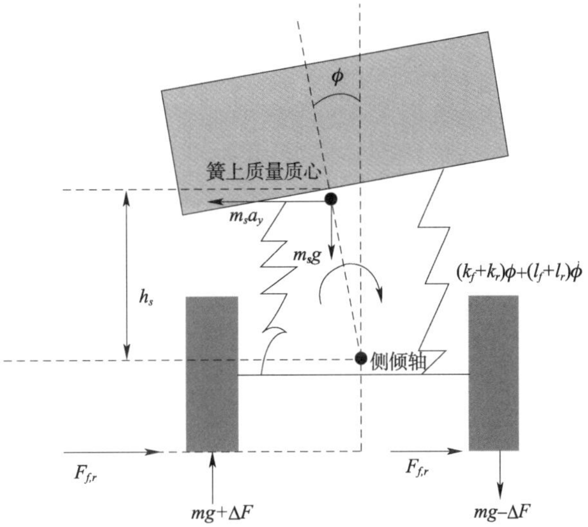

图6-2　车辆侧倾平面内的受力分析

式(6-2)所示是以转向盘转角 δ 为输入,以车辆的侧向速度 V_y、横摆角速度 r,车身侧倾角 φ 及车身侧倾角速度 $\dot{\varphi}$ 为输出的车辆动力学微分方程。

侧向速度 V_y、横摆角速度 r、侧倾角速度 $\dot{\varphi}$ 为车辆运动的主要自由度,车辆前进速度并不维持恒定,是时变的。此时,四自由度的车辆动力学模型可表示为

$$\begin{cases} m(\dot{V}_x - V_y r) = 2F_{xf} + 2F_{xr} \\ m(\dot{V}_y + V_x r) - m_S h_S \ddot{\varphi} = 2F_{yf} + 2F_{yr} \\ I_z \dot{r} - I_{xz} \ddot{\varphi} = 2F_{yf} l_f - 2F_{yr} l_r \\ I_x \ddot{\varphi} - I_{xz} \dot{r} - m_S h_S (\dot{V}_y + V_x r) = (m_S g h_S - k_f - k_r)\varphi - (C_f + C_r)\dot{\varphi} \end{cases}$$

$$\begin{cases} m(\dot{V}_x - V_y r) = 2F_{xf} + 2F_{xr} \\ m(\dot{V}_y + V_x r) - m_S h_S \ddot{\varphi} = 2F_{yf} + 2F_{yr} \\ I_z \dot{r} - I_{xz} \ddot{\varphi} = 2F_{yf} l_f - 2F_{yr} l_r \\ I_x \ddot{\varphi} - I_{xz} \dot{r} - m_S h_S (\dot{V}_y + V_x r) = (m_S g h_S - k_f - k_r)\varphi - (C_f + C_r)\dot{\varphi} \end{cases} \tag{6-3}$$

6.1.1.2　模型有效性的验证

(1)轮胎模型的选取。利用建立的三自由度车辆动力学模型，选择线性轮胎模型，对前轮转角为0.05rad，行车速度为22.22m/s(80km/h)条件下的车辆进行动力学分析，获取车辆侧向速度、横摆角速度、车身侧倾角和侧倾角速度的时变曲线，如图6-3所示。

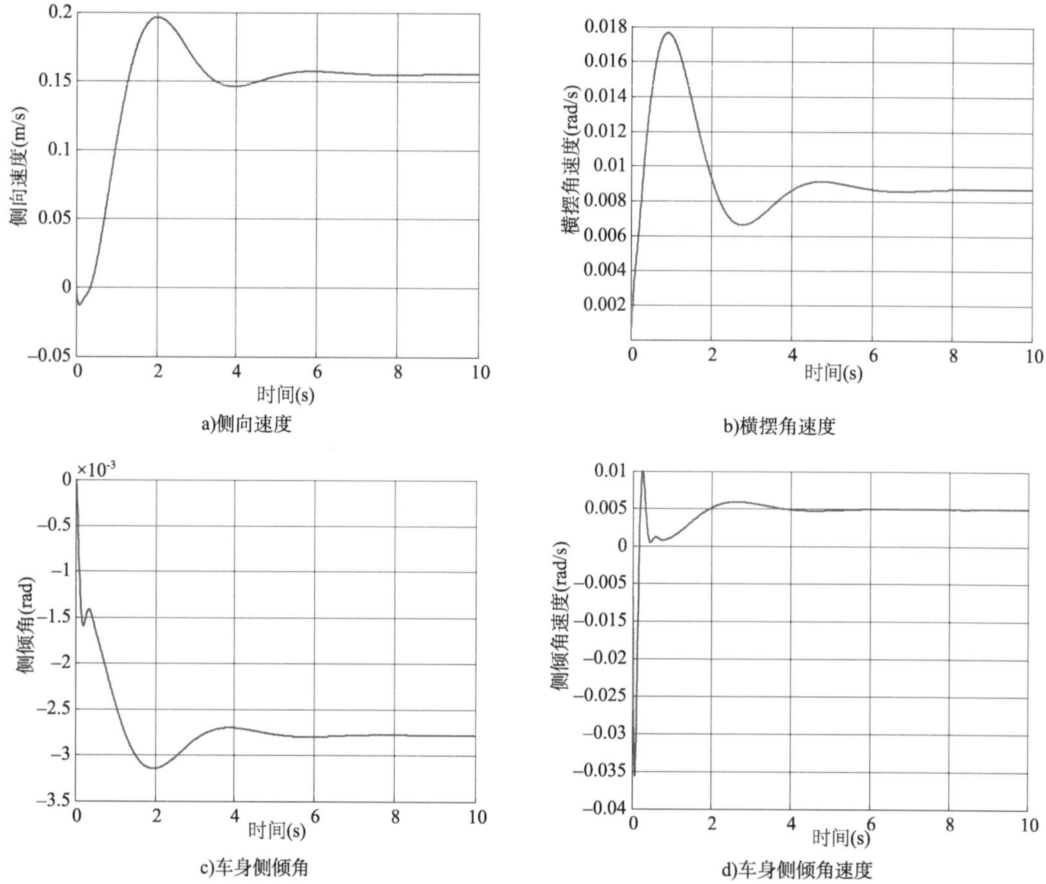

图6-3　前轮转角0.05rad，行车速度80km/h时线性轮胎模型车辆运行参数时变曲线

由图6-3可知，当轮胎模型为线性时，指定仿真条件下的车辆运行参数曲线变化较为剧烈，超调量很大，表明车辆在给定一个角阶跃输入后车辆运行状态出现了短暂的快速变化阶段，而后趋于稳定。仿真结果与实际情况偏差较大，说明线性轮胎模型并不能很好地反映车辆真实的动力学特性。

同样，利用建立的三自由度车辆动力学模型，选择非线性魔术公式轮胎模型，对前轮转角为0.05rad，行车速度为22.22m/s(80km/h)条件下的车辆进行动力学分析，获取车辆侧向速度、横摆角速度、车身侧倾角和侧倾角速度的时变曲线，如图6-4所示。

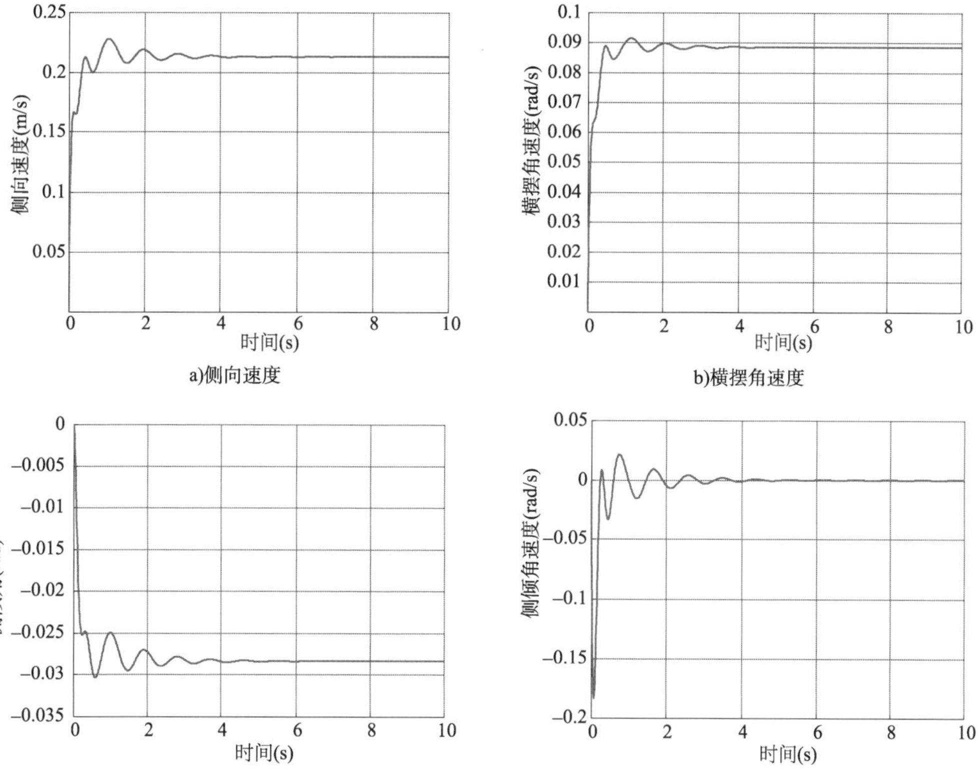

a)侧向速度　　b)横摆角速度

c)车身侧倾角　　d)车身侧倾角速度

图 6-4　前轮转角 0.05rad，行车速度 80km/h 时非线性轮胎模型车辆运行参数时变曲线

由图 6-4 可知，当使用非线性魔术公式轮胎模型描述轮胎侧偏特性，进而进行车辆动力学分析时，指定仿真条件下的车辆运行参数曲线变化较为缓和，超调量较小，表明车辆在给定一个角阶跃输入后车辆运行状态出现了小幅度的不稳定情况，而后趋于稳定。仿真结果与实际情况相符，说明非线性魔术公式轮胎模型能够很好地反映车辆真实的动力学特性。

(2)车辆动力学特性仿真结果。应用 Trucksim 软件，在 Trucksim 的相应模块中设置同车辆动力学模型仿真相同的仿真参数和仿真条件，轮胎模型也使用魔术公式轮胎模型。通过 Trucksim 的仿真结果来验证专题组所建立的整车动力学模型以及模型仿真分析过程的正确性，结果如图 6-5 所示。

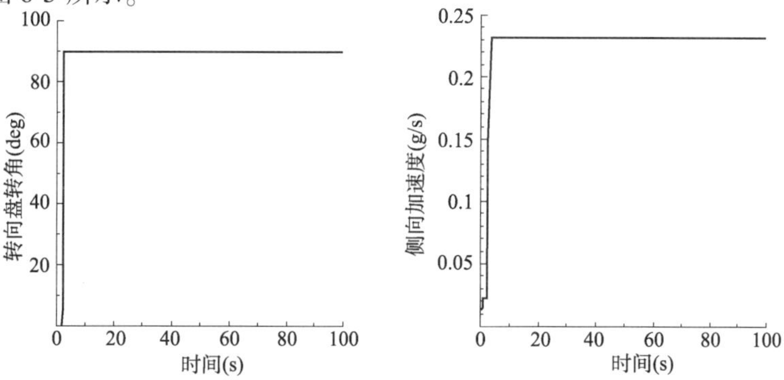

a)转向盘转角　　b)侧向加速度

图　6-5

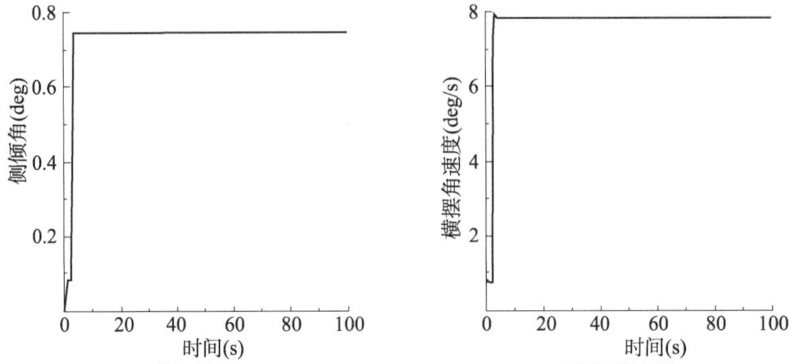

c)侧倾角　　d)横摆角速度

图 6-5　前轮转角 0.05rad,行车速度 80km/h 时车辆运行参数的 Trucksim 仿真结果

通过图 6-5 的对比,验证了本文所建车辆动力学模型以及模型仿真分析过程的正确性和有效性。

6.1.1.3　道路模型的构建

在 Trucksim 道路环境信息界面中设置合适的道路模型,以考察公路平曲线设置、车辆行驶轨迹以及行车速度对车辆行驶稳定性的影响。

专题主要考察客运车辆在三级及其以下公路上行驶时的稳定性。三级及其以上公路的平曲线多由直线段、缓和曲线段和圆曲线段组成;而四级及等外公路的平曲线直接由直线段和圆曲线段组成。根据《公路工程技术标准》(JTG B01—2014)、《公路路线设计规范》(JTG D20—2017)以及交公路发〔2004〕372 号文件附件《农村公路建设暂行技术要求》等的要求,农村公路的技术条件见表 6-1。

农村公路技术条件　　表 6-1

等级	三级公路		四级公路
设计速度(km/h)	40	30	20
圆曲线半径一般值(m)	100	65	30
圆曲线半径极限值(m)	60	30	15
缓和曲线最小长度(m)	35	25	—
平曲线最小长度(一般值)(m)	200	150	100
圆曲线最大超高(%)	8	8	8
圆曲线最小超高(%)	2	2	1.5

为方便路线设计,缓和曲线、圆曲线、缓和曲线的长度比值设置为 1∶1∶1。农村公路道路平曲线参数见表 6-2。

农村公路道路平曲线参数　　表 6-2

设计速度(km/h)	参　　数	取值(m)
40	圆曲线长度	70
	圆曲线半径	60
	缓和曲线长度	70

续上表

设计速度(km/h)	参　　数	取值(m)
30	圆曲线长度	50
	圆曲线半径	30
	缓和曲线长度	50
20	圆曲线长度	100
	圆曲线半径	15

试验中,圆曲线半径取极限值、超高统一取2%、路段上的摩擦系数设为0.85。

6.1.1.4　不同平曲线条件下车辆行驶稳定性分析

经过实车行驶轨迹的数据采集和轨迹的特征分析得知,车辆经过弯道路段时,行车轨迹可分为理想轨迹、正常轨迹、切线轨迹、漂移轨迹、修正轨迹和摇摆轨迹六种。行驶轨迹间的差异主要在于行驶轨迹的起始点和结束点相对于平曲线道路的中心线的起点和终点的位置,以及在弯道中部时行驶轨迹相对于道路中心线的偏移位置。不同的行驶轨迹起终点和相对道路中心线的偏离位置必然会造成驾驶人对车辆控制和车辆行驶稳定性的不同。为了考察不同平曲线道路条件下的车辆行驶稳定性,分别设计六种行驶轨迹,实验车辆的运行情况。

(1)设计速度40km/h。在上述设计速度40km/h的道路上,构造六种车辆行驶轨迹。不同类型的行驶轨迹的构造参数如下。

①理想轨迹:行驶轨迹与道路中心线的最大偏移量为1m。

②正常轨迹:行驶轨迹与道路中心线的最小偏移量为1m,轨迹起点相对于道路中心线起点的提前距离为6m。

③切线轨迹:行驶轨迹与道路中心线的最大偏移量为2m,轨迹起点相对于道路中心线起点的提前距离为5m。

④摇摆轨迹:行驶轨迹与道路中心线的最大偏移量为2m,轨迹起点相对于道路中心线起点的提前距离为10m,轨迹终点相对于道路中心线终点的滞后距离为5m。

⑤漂移轨迹:行驶轨迹与道路中心线的最大偏移量为2m,轨迹起点相对于道路中心线起点的提前距离为10m,轨迹终点相对于道路中心线终点的滞后距离为5m。

⑥修正轨迹:行驶轨迹与道路中心线的最大偏移量为2m,轨迹起点相对于道路中心线起点的提前距离为5m。

车辆以40km/h、六种不同的行车轨迹通过平曲线路段,考察侧向加速度、横摆角速度、车身侧倾角及侧倾角速度的变化趋势。

六种不同轨迹上的车辆运行参数的时变曲线如图6-6所示。

由图6-6可知,车辆以40km/h的行驶速度沿着六种不同类型的轨迹行驶时,修正轨迹上的车辆行驶稳定性最差,理想轨迹次之,切线轨迹、漂移轨迹、摇摆轨迹和正常轨迹上的车辆行驶稳定性相差不大。在Trucksim中构造的六种行驶轨迹的长度见表6-3。由表6-3可知,修正轨迹的长度最低,而摇摆轨迹、正常轨迹和漂移轨迹拥有相同的长度,理想轨迹和切线轨迹的长度位于最短轨迹和最长轨迹之间。

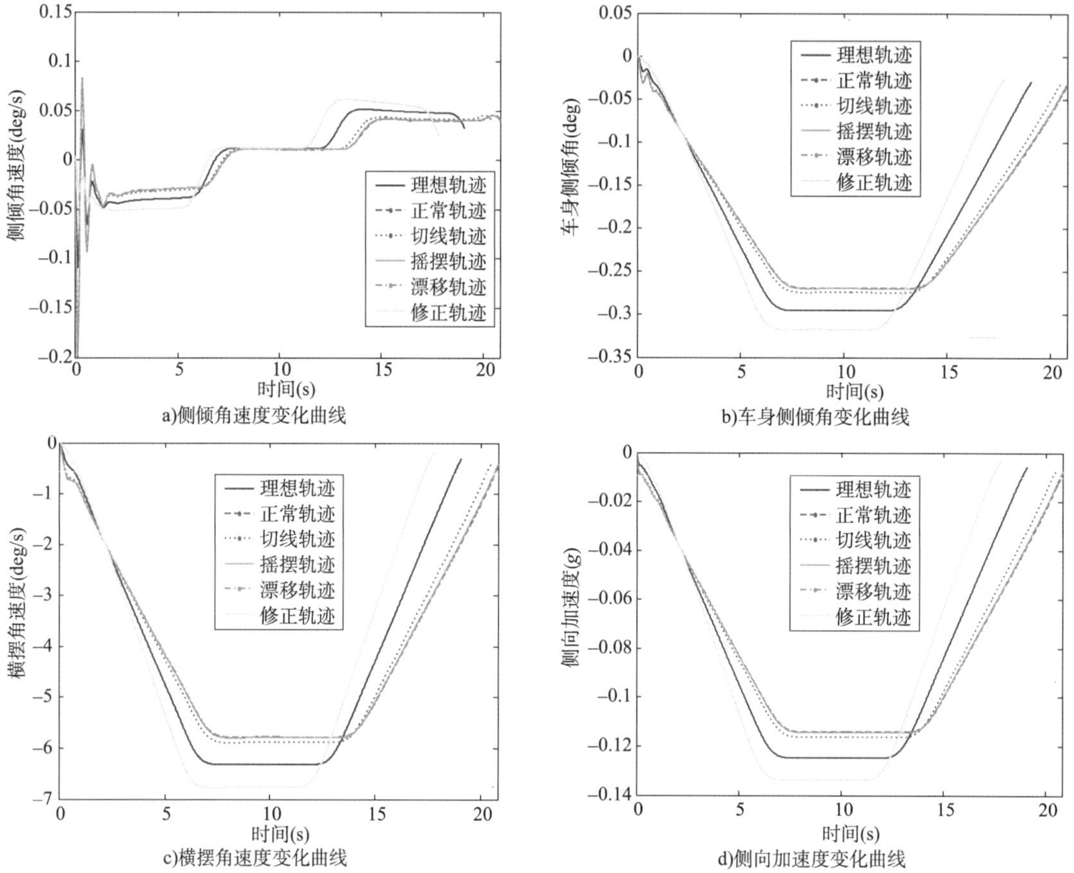

图 6-6　六种轨迹上的车辆运行参数时变曲线

设计速度为 40km/h、圆曲线半径 60m 时的轨迹长度　　表 6-3

轨迹名称	理想轨迹	正常轨迹	切线轨迹	摇摆轨迹	漂移轨迹	修正轨迹
轨迹长度(m)	212	231	227	231	231	198

对比轨迹长度和车辆在轨迹上的运行情况可以推断，车辆通过弯道路段时所经过的路线长度决定了车辆行驶稳定性情况。驾驶人选择的过弯轨迹越长，车辆在通过弯道时就拥有越好的行驶稳定性；驾驶人选择的过弯轨迹越短，车辆在通过弯道时就拥有越差的行驶稳定性。

(2)设计速度 30km/h。在上述设计速度 30km/h 的道路上，构造六种车辆行驶轨迹。不同类型的行驶轨迹的构造参数如下。

①理想轨迹：行驶轨迹与道路中心线的最大偏移量为 1m。

②正常轨迹：行驶轨迹与道路中心线的最小偏移量为 1m，轨迹起点相对于道路中心线起点的提前距离为 3m。

③切线轨迹：行驶轨迹与道路中心线的最大偏移量为 1.5m，轨迹起点相对于道路中心线起点的提前距离为 6m。

④摇摆轨迹：行驶轨迹与道路中心线的最大偏移量为 2m，轨迹起点相对于道路中心线起点的提前距离为 6m，轨迹终点相对于道路中心线终点的滞后距离为 3m。

⑤漂移轨迹：行驶轨迹与道路中心线的最大偏移量为 2m，轨迹起点相对于道路中心线

起点的提前距离为 6m，轨迹终点相对于道路中心线终点的滞后距离为 3m。

⑥修正轨迹：行驶轨迹与道路中心线的最大偏移量为 2m，轨迹起点相对于道路中心线起点的提前距离为 5m。

车辆以道路设计速度 30km/h、六种不同的行车轨迹通过平曲线路段，考察侧向加速度、横摆角速度、车身侧倾角及侧倾角速度的变化趋势。

车辆以六种不同类型的行驶轨迹通告设计速度为 30km/h 的道路平曲线时，车辆行驶稳定性情况如图 6-7 所示。

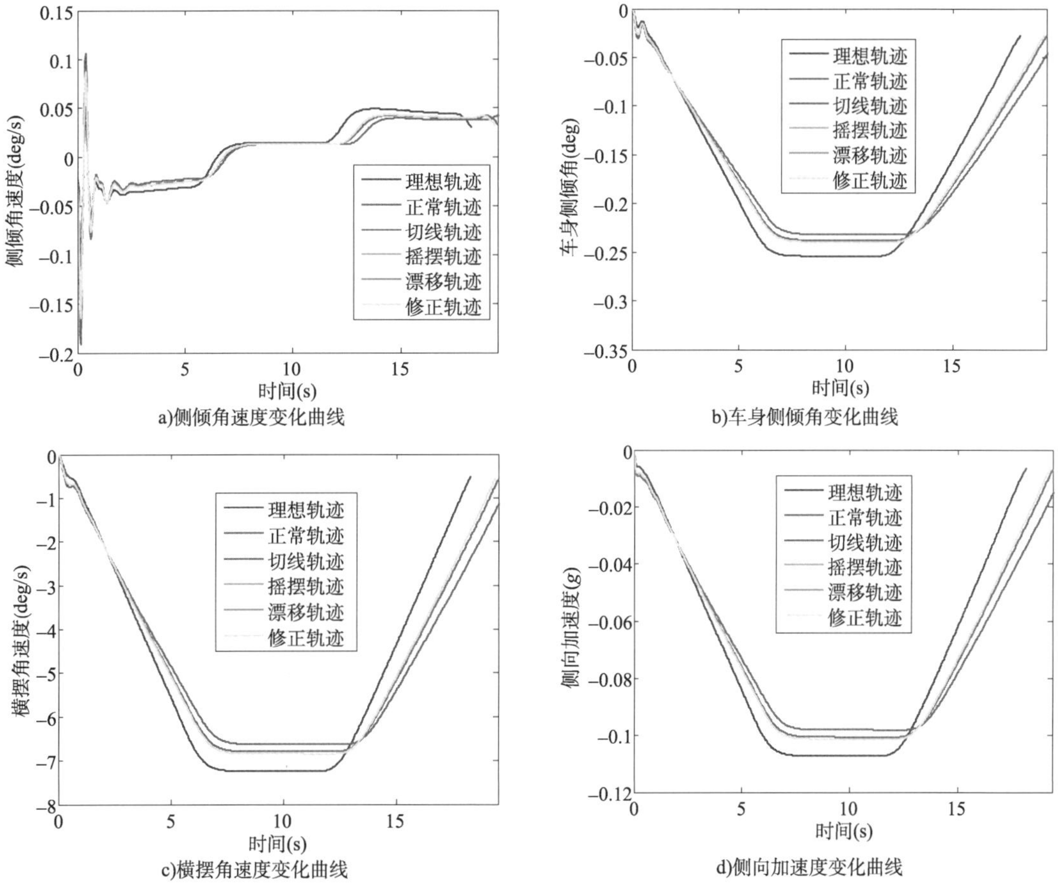

图 6-7　六种轨迹上的车辆运行参数时变曲线

由图 6-7 可知，车辆以 30km/h 的速度通过道路平曲线时，以理想轨迹通过的车辆行驶稳定性最差，以切线轨迹通过的车辆行驶稳定性最好，以其余轨迹通过的车辆行驶稳定性介于最好和最差之间。轨迹长度见表 6-4。

设计速度为 30km/h、圆曲线半径 30m 时的轨迹长度　　表 6-4

轨迹名称	理想轨迹	正常轨迹	切线轨迹	摇摆轨迹	漂移轨迹	修正轨迹
轨迹长度（m）	152	162	166	161	161	138

（3）设计速度 20km/h。在上述设计速度 20km/h 的道路上，六种行驶轨迹的构造参数分别如下。

①理想轨迹:行驶轨迹与道路中心线的最大偏移量为0.5m。

②正常轨迹:行驶轨迹与道路中心线的最小偏移量为0.5m,轨迹起点相对于道路中心线起点的提前距离为3m。

③切线轨迹:行驶轨迹与道路中心线的最大偏移量为0.5m,轨迹起点相对于道路中心线起点的提前距离为3m。

④摇摆轨迹:行驶轨迹与道路中心线的最大偏移量为1m,轨迹起点相对于道路中心线起点的提前距离为3m,轨迹终点相对于道路中心线终点的滞后距离为2m。

⑤漂移轨迹:行驶轨迹与道路中心线的最大偏移量为1m,轨迹起点相对于道路中心线起点的提前距离为3m,轨迹终点相对于道路中心线终点的滞后距离为2m。

⑥修正轨迹:行驶轨迹与道路中心线的最大偏移量为1m,轨迹起点相对于道路中心线起点的提前距离为3m。

车辆以道路设计速度20km/h、六种不同的行车轨迹通过平曲线路段,考察侧向加速度、横摆角速度、车身侧倾角及侧倾角速度的变化趋势。

车辆以20km/h的速度在六种不同类型的轨迹上行驶时,车辆行驶稳定性情况如图6-8所示。

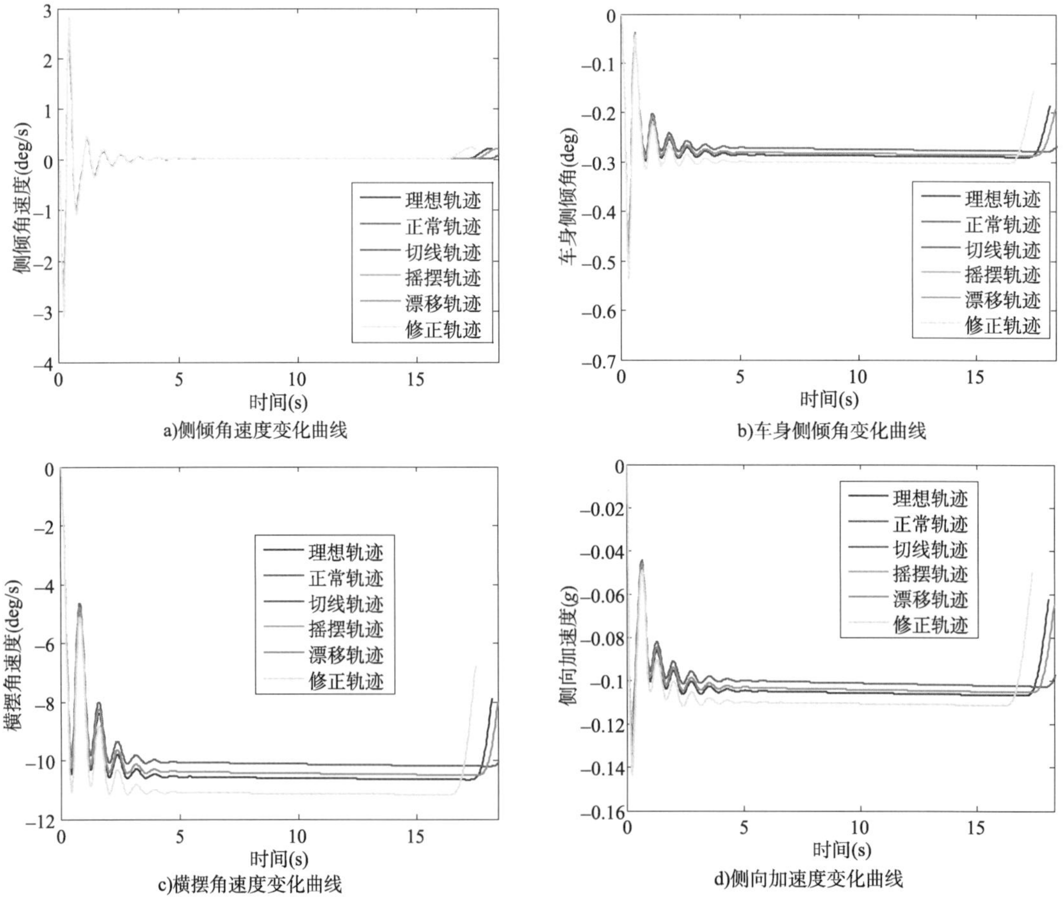

图6-8 六种轨迹上的车辆运行参数时变曲线

车辆在不包含缓和曲线的平曲线上、以不同的行驶轨迹行驶时,修正轨迹上的车辆行驶稳定性最差,而切线轨迹上的行驶稳定性最好。车辆行驶稳定性的差异主要体现在侧向加速度、横摆角速度和车身侧倾角上。设计速度为 20km/h 的道路平曲线上的轨迹长度见表 6-5。同样的,轨迹长度与车辆行驶稳定性呈正相关关系。

设计速度为 20km/h 时的轨迹长度 表 6-5

轨迹名称	理想轨迹	正常轨迹	切线轨迹	摇摆轨迹	漂移轨迹	修正轨迹
轨迹长度(m)	102	103.5	107	103.5	103.5	98

(4)设计速度 15km/h。在上述设计速度 15km/h 的道路上,六种行驶轨迹的构造参数分别如下。

①理想轨迹:行驶轨迹与道路中心线的最大偏移量为 0.5m。

②正常轨迹:行驶轨迹与道路中心线的最小偏移量为 0.5m,轨迹起点相对于道路中心线起点的提前距离为 2m。

③切线轨迹:行驶轨迹与道路中心线的最大偏移量为 0.2m,轨迹起点相对于道路中心线起点的提前距离为 2m。

④摇摆轨迹:行驶轨迹与道路中心线的最大偏移量为 0.5m,轨迹起点相对于道路中心线起点的提前距离为 2m,轨迹终点相对于道路中心线终点的滞后距离为 1m。

⑤漂移轨迹:行驶轨迹与道路中心线的最大偏移量为 0.5m,轨迹起点相对于道路中心线起点的提前距离为 2m,轨迹终点相对于道路中心线终点的滞后距离为 1m。

⑥修正轨迹:行驶轨迹与道路中心线的最大偏移量为 0.5m,轨迹起点相对于道路中心线起点的提前距离为 2m。

车辆以道路设计速度 15km/h、六种不同的行车轨迹通过平曲线路段,考察侧向加速度、横摆角速度、车身侧倾角及侧倾角速度的变化趋势,车辆行驶稳定性情况如图 6-9 所示。

同样的,车速较低、道路转角较大时,以不同的轨迹通过弯道路段的车辆呈现不同的行驶稳定性。修正轨迹上的车辆行驶稳定性最差,切线轨迹上的车辆行驶稳定性最好,剩余四种轨迹上的车辆运行情况大致相同、差异较小。设计速度为 15km/h 的道路平曲线上的轨迹长度见表 6-6。

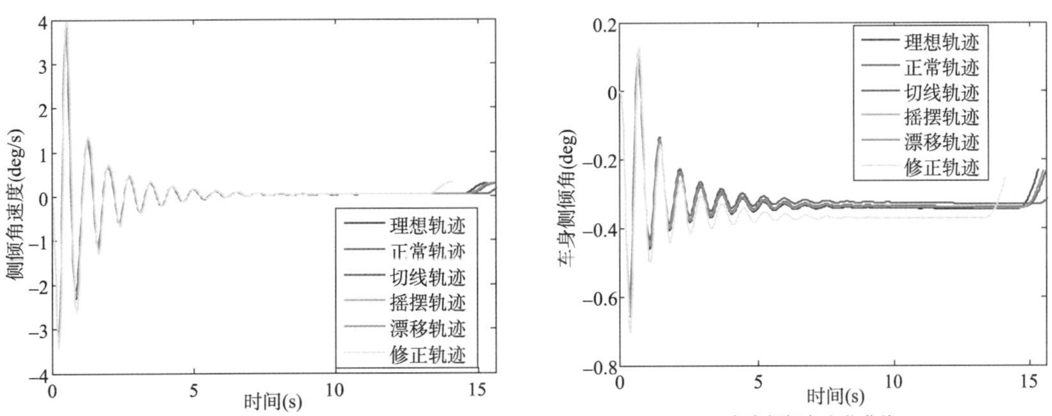

a)侧倾角速度变化曲线　b)车身侧倾角变化曲线

图 6-9

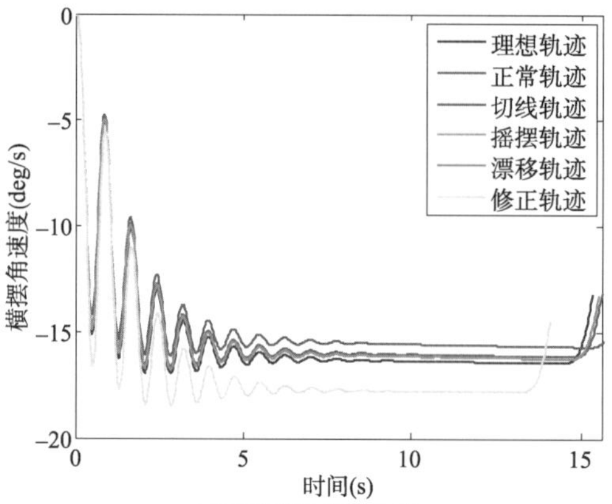

c)横摆角速度变化曲线

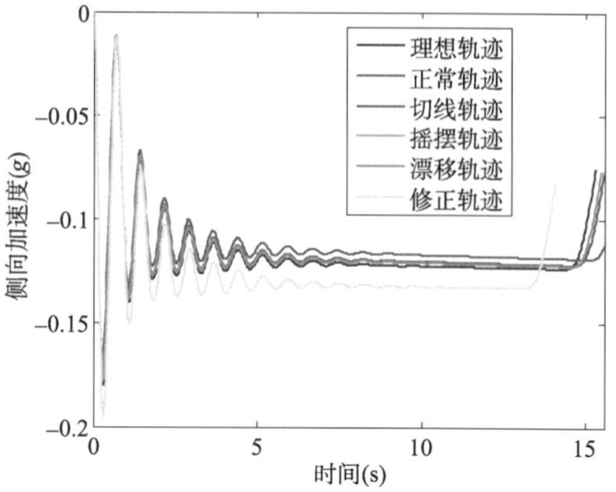

d)侧向加速度变化曲线

图 6-9　六种轨迹上的车辆运行参数时变曲线

设计速度为 15km/h 时的轨迹长度　　　表 6-6

轨迹名称	理想轨迹	正常轨迹	切线轨迹	摇摆轨迹	漂移轨迹	修正轨迹
轨迹长度(m)	66	67.3	69.4	66.8	66.8	60.8

车辆在设计速度不同的平曲线上、以不同的方式通过弯道路段时,所带来的车辆行驶稳定性情况也是各不相同的。经过分析得知,不同种类的轨迹上的车辆行驶稳定性主要取决于车辆通过弯道路段时所行驶的路线长度。车辆通过弯道路段时的行驶路线越长,其行驶稳定性能越优异;且当不同类型的行驶轨迹拥有相同的轨迹长度时,车辆在其上的行驶稳定性是相同的。

在构建行驶轨迹时,令行驶轨迹的缓和曲线过渡角等于道路中心线的缓和曲线过渡角,行驶轨迹的圆曲线圆心角等于道路中心线的圆曲线圆心角。由此,不同的行驶轨迹实际上拥有完全相同的转弯角度。在轨迹长度相同的条件下,可以推算得知不同种类的行驶轨迹平曲线的曲率完全相同,仅仅是车辆行驶轨迹与道路中心线的交点位置、车辆占据对向车道行驶的路段等有所不同。

6.1.2　低等级公路纵坡对农村客车爬坡性能影响的仿真分析

农村公路多需要经过村庄、农田、基础水利设施等,为了尽可能地保护自然环境和当地地形、降低公路的修建费用,农村公路纵坡变化程度较大,常常遇到缓长、陡直的坡路。因此,通过对农村客车爬坡性能的研究,来了解农村客车能否满足农村公路行驶的需要。

表 6-7 为标准规定的公路最大纵坡。设计速度为 30km/h 的道路,其最大纵坡为 8%。表 6-8 为各级公路纵坡长度限制。

公 路 最 大 纵 坡　　　表 6-7

设计速度(km/h)	120	100	80	60	40	30	20
最大纵坡(%)	3	4	5	6	7	8	9

各级公路纵坡长度限制 表 6-8

设计速度(km/h)			120	100	60	40	30	20
纵坡长度限制(m)	纵坡坡度(%)	3	900	1000	1200			
		4	700	800	1000	1100	1100	1200
		5		600	800	900	900	1000
		6			600	700	700	800
		7				500	500	600
		8				300	300	400
		9					200	300
		10						200

经过资料查阅得知,东风 19 座客车 KM6606PA 的比功率是 10。令满载车辆以 30km/h 的初始速度爬坡,统计当车速下降至 10km/h 时车辆已经驶过了多少距离以及车速下降为 0 时所驶过的距离。坡路的路面摩擦系数分别设定为 0.85、0.44 和 0.1。

6.1.2.1 路面摩擦系数 0.85 的仿真分析

路面摩擦系数为 0.85 时,车辆在不同坡度的坡道上的最长爬坡距离见表 6-9。

路面摩擦系数 0.85 时车辆的爬坡距离 表 6-9

道路坡度(%)	车速下降至 10km/h 时的爬坡距离(m)
3	因为坡度小,最低车速为 25km/h,所以不存在爬坡距离
4	因为坡度小,最低车速为 17.3km/h,所以不存在爬坡距离
5	因为坡度小,最低车速为 15km/h,所以不存在爬坡距离
6	因为坡度小,最低车速为 13.7km/h,所以不存在爬坡距离
7	因为坡度小,最低车速为 11km/h,所以不存在爬坡距离
8	87m
9	68.3m
10	63m

当道路坡度增加至 8% 以上时,车速由最初的 30km/h 下降到 10km/h 时,行车过的距离见表 6-9。这种情况下,车辆仍然能够以低于 10km/h 的速度继续爬坡,爬坡距离不限。

6.1.2.2 路面摩擦系数 0.44 的仿真分析

路面摩擦系数为 0.44 时,车辆在不同坡度的坡道上的最长爬坡距离见表 6-10。

当道路坡度增加至 8% 以上时,车速由最初的 30km/h 下降到 10km/h 时,行车过的距离见表 6-10。这种情况下,车辆仍然能够以低于 10km/h 的速度继续爬坡,爬坡距离不限。

路面摩擦系数 0.44 时车辆的爬坡距离 表 6-10

道路坡度(%)	车速下降至 10km/h 时的爬坡距离(m)
3	因为坡度小,最低车速为 25km/h,所以不存在爬坡距离

续上表

道路坡度(%)	车速下降至10km/h时的爬坡距离(m)
4	因为坡度小,最低车速为17.3km/h,所以不存在爬坡距离
5	因为坡度小,最低车速为15km/h,所以不存在爬坡距离
6	因为坡度小,最低车速为13.7km/h,所以不存在爬坡距离
7	因为坡度小,最低车速为11km/h,所以不存在爬坡距离
8	87m
9	68.3m
10	63m

当车辆以30km/h的初始速度爬坡、道路的摩擦系数为0.85和0.44时,车辆行驶距离和车速的变化曲线如图6-10所示。

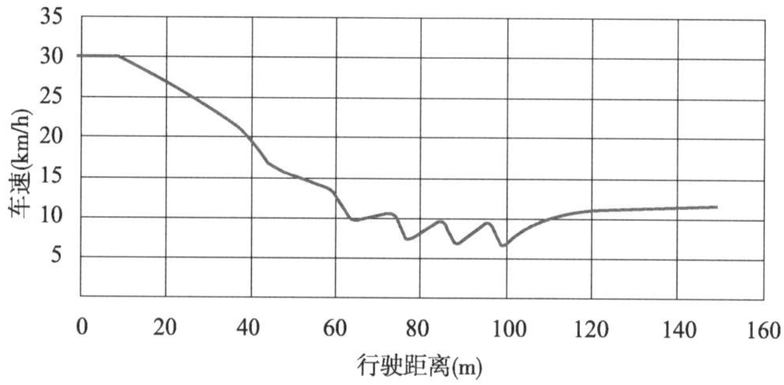

图6-10　高附着系数条件下的车速变化

6.1.2.3　路面摩擦系数0.1的仿真分析

路面摩擦系数为0.1时,车辆在不同坡度的坡道上的最长爬坡距离见表6-11。

路面摩擦系数0.1时车辆的爬坡距离　表6-11

道路坡度(%)	车速下降至10km/h时的爬坡距离(m)	车速下降至0时的爬坡距离(m)
3	因为坡度小,最低车速为25km/h,所以不存在爬坡距离	—
4	310	365
5	144.9	165
6	113	127
7	89	100
8	74	81
9	60	67
10	55	63

当道路附着系数下降至0.1时,除极小坡度外,车辆均不能实现无限长度的爬坡。典型的低附着系数条件下,车辆爬坡时的行驶距离和车速的变化曲线如图6-11所示。

6.1.2.4　讨论与结论

在道路附着系数较大、坡度较大时,车辆行驶速度由30km/h下降到10km/h的期间内,车辆的爬坡距离仅在70m左右，此后车辆将以较低的速度缓慢爬坡。虽然车辆能够爬坡成功，但是极低的车速和较大的发动机运转负荷会造成车辆排放污染物增加、动力性能减退。

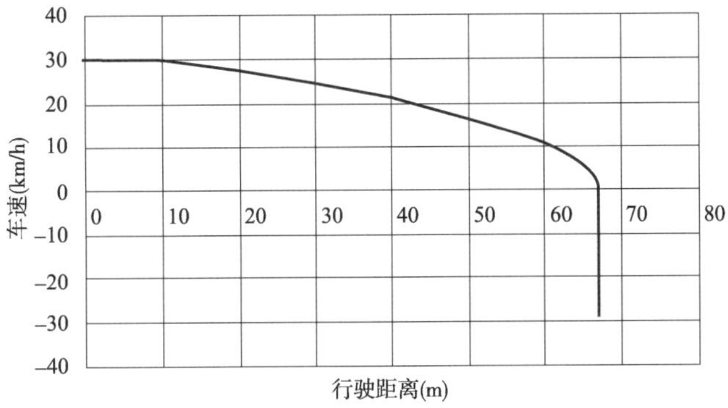

图6-11　附着系数0.1时车辆爬坡行驶距离和车速的变化曲线

在道路附着系数极低时(0.1)，车速下降至0时的车辆爬坡距离与规定的道路坡长的比较结果如图6-12所示。由图6-12可知，附着系数的降低极大地降低了车辆的爬坡距离，如果道路坡度过长，车辆将无法完成爬坡任务。

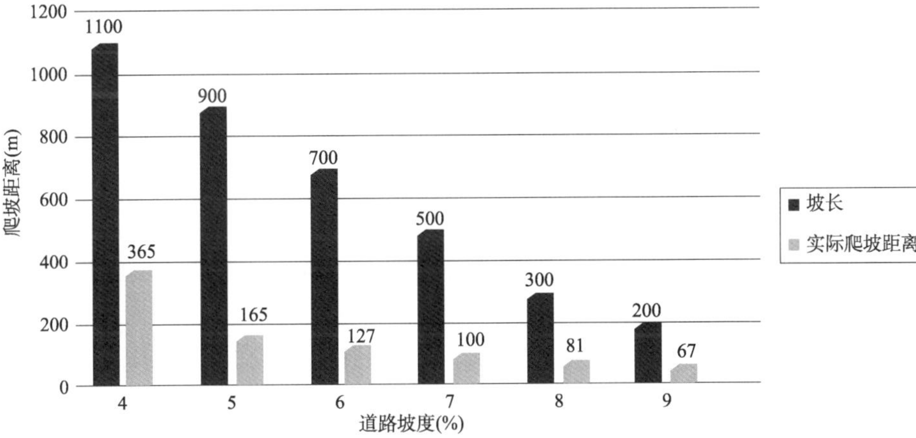

图6-12　低附着系数条件下，实际爬坡距离和坡长的比较

由此可知，农村公路道路坡度的设置应该具体考虑道路使用车辆的具体情况，避免长缓坡道的设置。

6.2　农村公路线形设计指标的农村客运车辆适宜性

6.2.1　农村客运车型

根据以上农村客运车型调研结果，确定低等级农村公路客运车型为小型客车与中型客车。其中，三、四级公路客运车型为中型客车，同时考虑条件受限四级公路的客运车型为小型客车。各车型的外廓尺寸在确定时，考虑了目前农村客运的主要车型，同时参考了目前公路上运行的主流车型，综合确定以下车型指标，见表6-12。其中，中型客车比现行规范6m长小型车略大,为该类车型的极限值。

低等级农村公路客运车型外廓尺寸等规定 表6-12

车辆类型	总长(m)	总宽(m)	总高(m)	轴距(m)	前悬(m)	后悬(m)	最大爬坡度(%)	核载人数(人)
小型客车	6.0	2.0	2.5	3.3	1.2	1.2	≥25	10~19
中型客车	7.0	2.25	2.8	4.0	1.0	2.0	≥25	≥19

6.2.2 设计速度

由于农村道路的等级一般较低,因此三、四级农村公路的设计速度沿用规范值,见表6-13。

各级公路设计速度 表6-13

公路等级	三级公路		四级公路
设计速度(km/h)	40	30	20

6.2.3 横断面指标

由于低等级公路一般穿越地形复杂的山区,空间有限,这里仅提出通行客运车型的最小横断面指标。

6.2.3.1 路肩宽度

路肩是与行车道相邻的道路组成部分,供临时停车和紧急情况下使用,同时也为路面提供横向支撑。调研表明采用较宽的土路肩,主要考虑供少量非机动车使用。实践证明其使用率较低,慢行车甚至行人不在土路肩上行驶,而喜欢在条件较好的路面部分行驶。因此,低等级公路仍采用较窄的土路肩,且考虑到空间受限,低等级农村公路仅考虑路肩的横向支撑功能。

路肩应具有足够的宽度保证其功能的充分发挥,结合国内外经验,路肩实现路面侧向支撑功能所需要的最小宽度为0.5m(表6-14)。

路 肩 宽 度 表6-14

公路等级	三级公路	四级公路
路肩宽度(m)	0.75(40km/h) 0.50(30km/h)	0.25(双车道) 0.50(单车道)

路肩上设置的标志、防护设施等不得侵入公路建筑界限,否则应加宽路肩。

6.2.3.2 车道宽度

车道的宽度应满足设计车辆宽度并能为车辆在车道内横向摆动和会车提供侧向余宽。其他影响车道宽度的因素还有交通量及组成、有无路肩及会车等。

(1)设计车辆宽度是道路设计代表车型的基本宽度。本项目小型客车宽度为2.0m,中型客车宽度为2.25m。

(2)侧向余宽是为车辆行驶提供横向安全空间,是考虑车辆行驶中因驾驶不准确和横风等影响造成的横向摆动等因素所需保证的安全距离,它与车辆行驶速度、交通量及交通组成等有关。根据相关研究成果，侧向余宽以 0.25m 为级差，其与车速的关系见表 6-15。

车道计算宽度　　表 6-15

设计速度(km/h)	客运车型宽度(m)	侧向余宽(m)	会车安全间距(m)	车道计算宽度(m)
40	2.0	1.00	0.5	3.50
30		0.75	0.25	3.25
20		0.50		3.00
15		0.50		3.00

(3)对于存在会车的双向双车道公路，根据经验，行车道应增加 0.25 ~ 0.5m 的净宽，作为会车安全措施。

综上，车道宽度等于设计车辆宽度、侧向余宽与会车安全间距之和，理论计算得出的车道宽度值见表 6-15。

四级公路宜采用双车道，交通量小且工程艰巨的路段可采用单车道。此时，考虑客运车辆低速会车需求，路基宽度至少应大于 2.0 + 0.5 + 2.0 = 4.5m，那么除去 1.0m 的土路肩，单车道四级公路车道宽度最小值应为 3.5m。

综上，确定了低等级公路车道宽度，见表 6-16。

低等级公路车道宽度　　表 6-16

公路等级	三级公路		四级公路
设计速度(km/h)	40	30	20
车道宽度(m)	3.50	3.25	3.00(双车道)
			3.5(单车道)

该指标与规范相同，增加了四级公路单车道情况。

6.2.3.3　路基宽度

根据以上路肩与车道宽度，可确定低等级农村公路路基宽度，见表 6-17。

低等级农村公路路基宽度　　表 6-17

公路等级	三级公路		四级公路	
设计速度(km/h)	40	30	20	
车道数	2	2	2	1
路基宽度(m)	8.5	7.5	6.5	4.5

该指标与规范部分相同，四级公路在单车道情况下，路基宽度有所增加，并确定了 15km/h 的路基宽度指标。

6.2.3.4　农村公路建筑限界

在公路横断面设计中，公路标志、护栏、照明灯柱、电杆、管线、绿化、行道树以及跨线桥的梁底、桥台、桥墩等任何部分不得侵入公路建筑限界。

根据公路在路网中的地位与位置，同一公路应采用相同的净空高度。三、四级公路净高应为4.50m，受限路段净高不应低于3.50m。旁边有行人道时，其净高应为2.50m。

(1)当设置爬坡车道、错车道时，建筑界限应包括该部分的宽度。

(2)建筑界限的上缘边界线：

①不设超高的路段，上缘边界线应为水平线；

②设置超高的路段，上缘边界线应与超高横坡平行。

(3)建筑界限的边界线：

①不设超高的路段，两侧边界线应与水平线垂直；

②设置超高的路段，两侧边界线应与路面超高横坡垂直。

(4)三、四级公路的路面采用沥青贯入、沥青碎石、沥青表面处治或砂石路面时，净空高度宜预留20cm。

6.2.4 平面指标

6.2.4.1 一般规定

农村公路中，三级公路平面线形应由直线、圆曲线、回旋线三种要素组成。四级公路平面线形可由直线、圆曲线两种要素组成。

平面曲线必须与地形、景观、环境等相协调，同时注意线形的连续与均衡性，并同纵断面、横断面相互配合。

6.2.4.2 圆曲线最小半径与超高

各级公路平面不论转角大小，均应设置圆曲线。在选用圆曲线半径时，应与设计速度相适应。根据车辆在曲线上的受力平衡，可得圆曲线半径的计算公式：

$$R = \frac{V^2}{127(\mu \pm i)} \tag{6-4}$$

式中：V——行驶速度；

μ——横向力系数；

i——超高横坡度。

从横向力系数、超高和平曲线半径三者之间的关系可知，汽车在弯道上行驶时，随着横向力系数的不同，乘客的感觉也随之发生变化，直接影响到行车的安全、经济和舒适性。因此，在曲线上，如何综合考虑超高的设置和横向力系数的取值，关系到车辆在弯道上的行驶条件，不仅影响行车的安全性与舒适性，还对公路修筑的工程数量及造价有举足轻重的影响。根据已有舒适性感受试验，确定了不同速度条件下横向力系数阈值，见表6-18。

各种速度下允许横向力系数 表6-18

速度(km/h)	15	20	30	40
允许横向力系数阈值	0.17	0.17	0.16	0.15

根据公式，对于给定速度，超高和横向力系数之和与平曲线半径呈反比，与曲率呈正比。但超高和横向力系数各自与平曲线半径之间并没有简单的比例关系，它们各自的逻辑关系必须基于一定的假设。一般认为，超高、横向力系数各自与曲线半径呈曲线关系。

最大超高值的界定也是进行超高和横向力系数分配比例的一个重要参数。不同等级公路一般规定一个最大超高值。各曲线超高随着情况而变，存在两个极值：一个为零(在公路直线段不设超高)，另一个为规定的最大超高值。

由于在公路上行驶的车辆速度不一致，因此，最大超高的确定不仅要考虑快速车，而且要照顾到慢车的安全。对于载重量大的慢车，乃至因故障暂时停在弯道上的车辆，其离心力近于消失。此时为保持力学平衡，由超高产生的下滑力等于横向摩擦力，此时若超高设置过大，超出路面所能提供的摩阻系数，车辆就有沿着路面的最大合成坡度向下滑动的趋势。因此，最大超高必须小于最不利条件下轮胎与路面间的摩擦系数。

此外，公路上可用的最大超高率还由以下因素控制：

(1)低速运行车辆的频率和稳定性。农村公路通行客运车辆和农用车装载农作物，重心一般较高，且车辆停车的机会较多，车速一般较低，故不宜设置过大的超高横坡。

(2)地形条件是平原还是山岭。

(3)地区类别是乡村还是市区。

(4)气候条件，即冰雪天气的时间和数量。

(5)是否与自行车分隔。

应综合考虑以上这些因素决定用于设计的最大超高。最大超高值应该是几个而不是一个，其差别可以反映出一般条件的不同。在气候相近、地形情况类似的区域应设置同一个最大超高值，以体现设计的一致性。

考虑以上各点和施工、养护各方面的原因，以及适当增大超高横坡度比单纯加大平曲线半径，既减少了工程量，也可以达到安全目的原因，综合确定不同区域类型和道路等级最大超高取值，见表6-19。

农村公路圆曲线最大超高值(%)　　表6-19

三级公路	8
四级公路	6
积雪冰冻地区	6

存在冰雪因素的地区，经验表明，8%的超高是使车辆停止或由停止再开动时的侧向滑动减到最小限度的理论最大值，同时必须考虑少数低速运行车辆的行车安全，所以考虑冰雪因素时各级公路以6%为最大值比较合适。

根据最大超高值和最大横向力系数可以求出极限最小曲线半径，计算结果见表6-20。而一般值是使按设计速度行驶的车辆能保证其安全性与舒适性而建议采用的值，参考国内外使用经验，确定圆曲线最小半径的一般值采用的横向力系数为0.05～0.06。经计算取整得到圆曲线最小半径的一般值，见表6-20。

最小平曲线半径计算表　　表6-20

设计速度(km/h)	最大超高(%)	横向力系数阈值	推荐半径极限值(m)	推荐半径一般值(m)
40	8	0.15	60	100
30	8	0.16	30	65
20	6	0.17	15	30
15	6	0.17	10	20

注："一般值"为正常情况下的采用值；"极限值"为条件受限制时可采用的值。

该指标与规范相同，并增加了15km/h的平曲线半径指标。

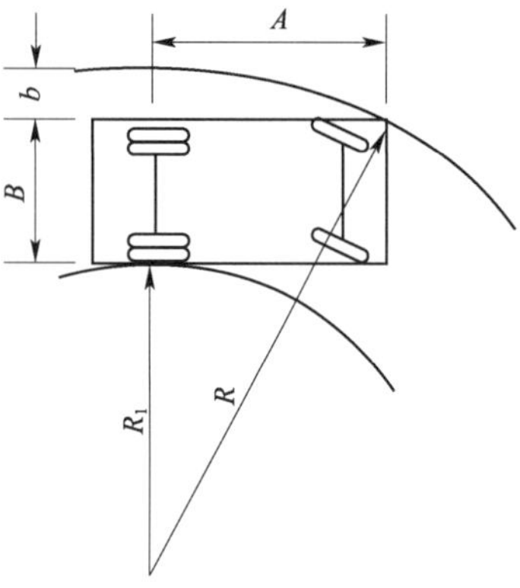

图 6-13　客车转弯行驶中的几何关系

6.2.4.3　圆曲线加宽

三、四级公路的圆曲线半径小于或等于 250m 时，应设置加宽。

圆曲线上加宽值的计算与平曲线半径、设计车辆的轴距及外廓尺寸等参数有关，同时也应考虑弯道上行驶车辆摆动和驾驶人的操作所需的附加宽度，因此圆曲线上的加宽 B 由几何需要的加宽值 b 和汽车转弯时摆动的加宽值 b' 两部分组成。

(1)几何需要的加宽值 b。客车转弯行驶中的几何关系如图 6-13 所示。

可得客车的加宽值为

$$b = \frac{A^2}{2R} \tag{6-5}$$

式中：b——一个车道的加宽值，m；

R——平曲线半径，m；

A——客车前悬至后轴的距离，m。

(2)汽车转弯摆动加宽值。

$$b' = \frac{0.05v}{\sqrt{R}} \tag{6-6}$$

式中：v——汽车转弯时的速度，km/h。

综上所述，车道加宽值为

$$B = \frac{A^2}{2R} + \frac{0.05v}{\sqrt{R}} \tag{6-7}$$

依据上述加宽值计算方法，以规范中分类的半径值区间为计算类别，最终得到客车车型对应各曲线半径范围的加宽值，见表 6-21。

圆曲线路面加宽值　　　表 6-21

类别	半径(m)									
	250~200	<200~150	<150~100	<100~70	<70~50	<50~30	<30~25	<25~20	<20~15	<15~10
小客	0.6	0.7	0.8	0.9	1.0	1.5	1.7 (0.9)	2.0 (1.0)	2.2 (1.0)	(1.4)
中客	0.6	0.7	0.8	1.0	1.1	1.6	1.8 (0.9)	2.2 (1.1)	2.5 (1.3)	(1.6)

注：括号内数值为单车道加宽值。

由于车型外廓尺寸的不同，该指标与规范也不同，中型客车比规范规定略高，小客略低，如图 6-14 所示。

同时，采用基于 CAD(计算机辅助设计)的机动车转弯设计软件 AutoTURN 来模拟车辆在曲线处的转弯行为，获取车身各特征点在转弯过程中的路径轨迹以及所需的横向安全净空，进而可以确定车辆转弯过程中是否会侵入路侧净空和对向车道，以评价曲线加宽值是否合理。结果表明，曲线加宽值能满足相应车型通行需要。

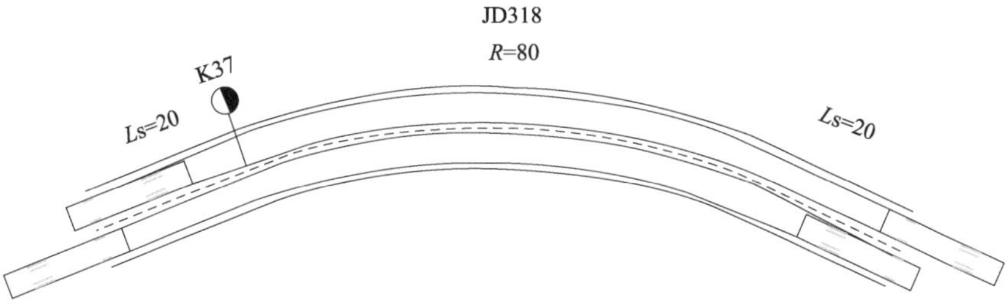

图 6-14　AutoTRUN 模拟车辆轨迹

圆曲线上的路面加宽应设置在圆曲线的内侧。各级公路的路面加宽后，路基也应相应加宽。

四级公路设人工构造物，当因设置超高、加宽过渡段而在圆曲线起点、终点内侧边缘产生明显转折时，可采用路面加宽边缘线与圆曲线上路面加宽后的边缘圆弧相切的方法予以消除。

6.2.4.4　视距

(1)停车视距。停车视距由两部分组成：一是驾驶人在反应时间内行驶的距离；二是开始制动到制动停止所行驶的距离，即制动距离。另外，应增加安全距离 5 ~ 10m。停车视距的计算公式为

$$\mathrm{SSD} = \frac{V_1 t}{3.6} + \frac{V_1^2}{2gf} \tag{6-8}$$

式中：f——纵向摩阻系数；

t——驾驶人反应时间。

三、四级公路停车视距仍采用规范规定值。农村公路停车视距规定见表 6-22。

停 车 视 距　　表 6-22

设计速度(km/h)	40	30	20	15
停车视距(m)	40	30	20	15

该指标与规范相同，并根据公式确定了 15km/h 的停车视距指标。

三、四级公路还应满足会车视距要求。双向行驶的三、四级公路按相向行驶的两辆客车会车同时制动停车的视距考虑，所以三、四级公路的会车视距长度应不小于停车视距的 2 倍。当受地形条件或其他特殊情况限制，无法保证会车视距时，允许采用停车视距，但该路段应采取划线等分道行驶措施。

(2)下坡停车视距。车辆制动距离随坡度的不同而变化，下坡如果较陡，尽管初速度、反应时间等其他条件都相同，但制动距离相比平坡要长，这是可以肯定的。规定的停车视距是以纵坡为 0 的平坦路面上的制动距离为基础，因此，应该考虑坡度对制动距离的影响，修正客车下坡停车视距。坡度修正采用下面的公式：

$$\mathrm{SSD} = \frac{V_0 t}{3.6} + \frac{V_0^2}{254(f \pm i)} \tag{6-9}$$

式中：V_0——行车速度(km/h)；

t——时间(s)；

f——路面摩擦系数；

i——坡度值，上坡取正，下坡取负。

下坡段客车停车视距规定见表6-23。

下坡段客车停车视距 表6-23

设计速度(km/h)			40	30	20	15
停车视距(m)	纵坡坡度(%)	3~8	50	35	20	15
		9	—	35	20	15
		10	—	—	20	15

该指标与规范相同，并根据公式确定了15km/h的下坡段客车停车视距指标。

对农村公路的下坡路段，应采用下坡段客车停车视距对相关路段进行检验。

(3)超车视距。双车道公路上车辆速度存在一定差异，当快车追上慢车后，需要占用对向车道进行超车。为保证超车安全，避免与对向车辆发生碰撞，驾驶人必须能看到前面足够长度的车流空隙，以便在相邻车道上没有出现对向驶来的车辆之前完成超车而不阻碍被超车辆的行驶。快车超越前面慢车后再回到原来车道所需的最短距离即为超车视距。其主要由四部分组成：加速行驶距离(时间t_1)、对向车道行驶距离(时间t_2)、与对向车辆的安全距离(视超车车辆与对向车辆的速度不同而取15~100m)、超车过程中对向车辆的行驶距离。

$$S_{超}=\left(\frac{v_0}{3.6}\cdot t_1+\frac{1}{2}a\cdot t_1{}^2\right)+\frac{v}{3.6}\cdot t_2+S_3+\frac{v}{3.6}\cdot(t_1+t_2) \tag{6-10}$$

农村公路的超车视距规定见表6-24。

超车视距 表6-24

设计速度(km/h)		40	30	20	15
超车视距(m)	一般值	200	150	100	65
	最小值	150	100	70	50

该指标与规范相同，并根据公式确定了15km/h的超车视距指标。

双车道公路可根据情况间隔设置具有超车视距的路段。由于满足超车视距的路段较长，三、四级公路很难达到要求，故采取划分允许超车路段和禁止超车路段的方式，保障行车安全。

平曲线内侧设置人工构筑物，或者平曲线内侧挖方边坡妨碍视线，应对视距予以检查与验算。不符合规定要求时，可加宽路肩或将构造物后移，或者设置交通安全设施。

6.2.4.5 回头曲线

农村公路自然展线无法争取需要的距离以克服高差，或因地形、地质条件所限不能采取自然展线时，可采用回头曲线。

两相邻回头曲线之间，应有较长的距离。由一个回头曲线的终点至下一个回头曲线起点的距离，设计速度为40km/h、30km/h、20km/h、10km/h时，分别应不小于200m、150m、100m、50m。

回头曲线各部分的技术指标规定见表6-25。

回头曲线各部分的技术指标　　表6-25

主线设计速度(km/h)	40		30	20	15
回头曲线设计速度(km/h)	35	30	25	20	10
圆曲线最小半径(m)	40	30	20	15	12
回旋线最小长度(m)	35	30	25	20	15
超高横坡度(%)	6	6	6	6	6
双车道路面加宽值(m)	2.5	2.5	2.5	3.0	—
单车道路面加宽值(m)	—	—	—	2.5	2.5
最大纵坡(%)	3.5	3.5	4.0	4.5	4.5

回头曲线前后的线形应连续、均匀，通视良好，两端以布设过渡性曲线为宜，且设置限速标志、交通安全设施等。

该指标与规范相同，参考20km/h指标，确定了15km/h的回头曲线指标。

6.2.5　纵断面指标

虽然客运车型的爬坡能力远远超过了规范的规定指标，但考虑到车辆在纵坡上停车倒溜的危险，以及农用车的行驶需求，这里仍按照规范规定确定纵坡指标。

6.2.5.1　最大纵坡与坡长

(1)最大纵坡与坡长规定。公路最大纵坡应依据汽车的动力特性、道路等级、自然条件等因素通过综合分析研究确定，并应考虑车辆行驶安全及工程和运营经济等因素。现行规范以货车为设计车型确定最大纵坡指标，其规定见表6-26、表6-27。

最大纵坡　　表6-26

设计速度(km/h)	40	30	20
最大纵坡(%)	7	8	9

最大坡长　　表6-27

设计速度(km/h)			40	30	20
最大坡长(m)	纵坡坡度(%)	4	1100	1100	1200
		5	900	900	1000
		6	700	700	800
		7	500	500	600
		8	300	300	400
		9	—	200	300
		10	—	—	200

(2)指标验证与优化。考虑农村公路客运车型，项目组采用车辆动力学仿真系统CarSim与Trucksim对小客与中型客车在陡坡上的运行进行模拟计算，以确定以上纵坡指标的适用性，如图6-15所示。

图 6-15　采用车辆动力学仿真系统对运行进行模拟计算

结果表明,规范规定纵坡指标均适用于中小客车,且有一定提升空间。考虑到农村公路尤其是山区公路,纵断面指标均较低,改造升级困难,因此对纵坡指标进行优化,以车辆能够在最不利情况下爬上纵坡为原则,确定了适用于中小客车的纵坡指标,见表 6-28。

最 大 坡 长　　　　表 6-28

设计速度(km/h)			40	30	20	15
最大坡长(m)	纵坡坡度(%)	4	1100	1100	1200	1200
		5	900	900	1000	1100
		6	700	700	800	900
		7	500	500	600	700
		8	(300)	300	400	500
		9	—	(200)	300	350
		10	—	—	(200)	200
		11	—	—	—	(100)

①规范中最大坡长的确定考虑载重汽车的爬坡性能,农村公路仍存在一定数量的农用车,因此三、四级公路最大坡长延用规范值。

②改建工程利用原有公路的路段、经技术经济论证,最大纵坡可增加 1%,其坡长不应大于表 6-28 括号中的数值。

③四级公路位于海拔 2000m 以上或积雪冰冻地区的路段,最大纵坡不应大于 8%。

④当采用极限最小半径时,各级公路纵坡不应大于 5%。

(3)最小坡长。公路纵断面相邻两个变坡点之间的最小长度(最小坡长)不应影响行车的连续性和安全性。以此为原则确定农村公路最小坡长,见表 6-29。

最 小 坡 长　　　　表 6-29

设计速度(km/h)	40	30	20	15
最小坡长(m)	120	100	60	40

6.2.5.2　连续纵坡

农村公路越岭线连续上坡(或下坡)路段,相对高差为 200 ~ 500m 时平均纵坡不应大于 5.5%;相对高差大于 500m 时平均纵坡不应大于 5%,且任意连续 3km 路段的平均纵坡不应大于 5.5%。

当连续上坡(或下坡)路段平均纵坡大于5.5%时,应在不长于2km处,设较平缓的缓和坡段,缓和坡段的纵坡不应大于3%,长度不小于40m。

6.2.5.3　合成坡度

限制合成坡度的目的是尽可能地避免陡坡与急弯的组合对行车的不利影响。合成纵坡的方向一般是斜向路基边缘。冬季路面有积雪、结冰的地区,车辆横移性增大;自然横坡陡峻的傍山路段,斜滑后果严重;非汽车交通比例高的路段,斜移将对非机动车造成较大伤害。

因此,低等级农村公路最大合成坡度取值为10%。当陡坡与小半径圆曲线相重叠时,宜采用较小的合成坡度。特别是下述情况,其合成坡度必须小于8%。

(1)冬季路面有积雪、结冰的地区。

(2)自然横坡较陡峻的傍山路段。

(3)非汽车交通量较大的路段。

6.2.5.4　竖曲线

为保证客运车辆正常行驶、不拖底,提供足够视距,低等级农村公路变更处也应设置竖曲线,竖曲线宜采用圆曲线。

(1)根据停车视距确定凸形竖曲线的极限最小半径。

$$R_{凸\min}=\frac{\mathrm{SSD}^2}{2\left(\sqrt{h_1}+\sqrt{h_2}\right)^2} \tag{6-11}$$

式中:$R_{凸\min}$——凸形竖曲线极限最小半径;

SSD——停车视距;

h_1——驾驶人视线高度,小型客车取1.2m,中型客车取2.0m;

h_2——障碍物高度,取0。

(2)按汽车前灯照视距离要求计算凹形竖曲线的极限最小半径。

$$R_{凹\min}=\frac{100\cdot\mathrm{SSD}^2}{200[0.75+\mathrm{SSD}\cdot(\tan1°)]} \tag{6-12}$$

根据计算结果低等级农村公路竖曲线最小半径与长度见表6-30。

竖曲线最小半径和竖曲线长度　　表6-30

设计速度(km/h)	40	30	20	15
凸形竖曲线极限最小半径(m)	670	380	170	100
凹形竖曲线极限最小半径(m)	560	360	190	120
竖曲线长度(m)	35	25	20	20

以上结果与现行规范相比,指标更高,其原因主要考虑农村公路路况较差,遗撒物较多,故障碍物高度取0,所以得到的指标比现行规范高,是出于对安全的考虑。

6.3　农村公路客运安全通行条件

项目依据研究成果,拟定了《农村客运班线安全通行技术条件》(征求意见稿)如下。

第一条　为进一步规范农村客运发展,保障农村客运安全,根据《中华人民共和国道路交通安全法》和《中华人民共和国道路运输条例》及相关标准规范,制定本规则。

第二条　本规则适用于新增农村客运班线安全通行条件审核工作。

第三条　在开通农村客运班线前，应当进行农村客运安全通行条件审核，确保农村客运班线途经公路的技术条件、安全设施，车辆技术要求、运行限速等相匹配。

第四条　各县级交通运输部门应当报请县级人民政府同意，与同级公安、安全监管等部门建立农村客运班线安全通行条件联合审核机制，共同制定农村客运班线安全通行条件审核细则，联合开展农村客运班线安全通行条件审核工作。

对需途经条件受限公路的农村客运班线，还应当联合公路所在地乡镇人民政府开展农村客运班线安全通行条件审核工作，并明确通过车型、载客人数、通行时间、运行限速等安全限制性要求。

第五条　经工程验收合格，有合格的工程验收档案，路线技术指标符合行业标准规范要求的四级及以上等级公路，可通行符合《营运车辆综合性能要求和检验方法》(GB 18565)要求的对应车长的营运客车。

(一)二级及以上公路，可通行符合《营运车辆综合性能要求和检验方法》(GB 18565)要求的各系列营运客车。

(二)设计速度为40km/h的三级公路，可通行符合《营运车辆综合性能要求和检验方法》(GB 18565)要求且车长不超过12m的营运客车。

(三)设计速度为30km/h的三级公路和双车道四级公路，可通行符合《营运车辆综合性能要求和检验方法》(GB 18565)要求且车长不超过7m的营运客车。

(四)单车道四级公路，可通行符合《营运车辆综合性能要求和检验方法》(GB 18565)要求且车长不超过6m的营运客车。

第六条　农村客运线路的路基、路面和隧道的技术条件应符合交通部《关于印发农村公路建设指导意见的通知》(交公路发〔2004〕372号)的要求。

第七条　农村客运线路的桥梁承载能力应满足客运车辆的通过要求，技术状况不得低于《公路桥梁技术状况评定标准》(JTG/T H21)规定的二类桥梁。

第八条　农村客运线路的交通安全设施应满足以下要求：

(一)等级公路交通安全设施设置应符合国家和行业标准规范的要求。

(二)在漫水桥、过水路面等路段应设置警示标志和标杆。

(三)连续长陡下坡路段应设置减速带和警示标志，有条件的可设置避险车道。

(四)条件受限、设施条件无法满足等级公路要求的路段应在起始点设置告示标志。

(五)防护设施的设置应根据营运客车的最大允许总质量和运行限速，选定《公路护栏安全性能评价标准》(JTG B05—01)规定的对应防护等级。

第九条　本规则要求的农村公路的各项技术指标由当地公路管理部门依据公路工程竣工图或复测资料认定，交通安全设施由公路管理部门联合同级公安部门根据实际设置情况认定。

第7章 农村公路客运线路安全适应性评估

7.1 客运车辆行驶稳定性评价指标

专题通过开展典型客运车辆在实际农村公路上的实车实验和仿真,分析公路线形条件对客运车辆行驶稳定性的影响,并根据实验数据分析,研究可用于评价客运车辆安全性的行驶稳定性指标和评价方法。

专题选用东风19座客车KM6606PA为实验车,在典型农村公路上开展实车试验,采用试制的行车轨迹观测设备,观测车辆的速度和轨迹;采用研发的农村公路客运车辆关键运行参数检测设备,采集制动力、转向盘转角、横摆角速度、质心侧偏角、车身侧倾角、侧倾角速度、侧向加速度等指标。试验中选择男性熟练驾驶人、男性不熟练驾驶人、女性熟练驾驶人及不熟练驾驶人各2名,共8名被试。

7.1.1 弯道路段行车轨迹变化规律分析

通过对不同方向车辆行驶轨迹的统计分析,得到车辆上下行方面轨迹变化规律如图7-1～图7-5所示。

上行(弯道外侧)轨迹形式主要包括:

(1)完全在本车道上行驶过弯的车辆轨迹,如图7-1a)所示;

(2)完全借用对向车道行驶过弯的车辆轨迹,如图7-1b)所示;

(3)弯道中部借用对向车道行驶过弯的车辆轨迹,如图7-1c)所示;

(4)弯道两翼借用对向车道行驶过弯的车辆轨迹,如图7-1d)所示;

(5)弯道一侧借用对向车道行驶过弯的车辆轨迹,如图7-1e)所示。

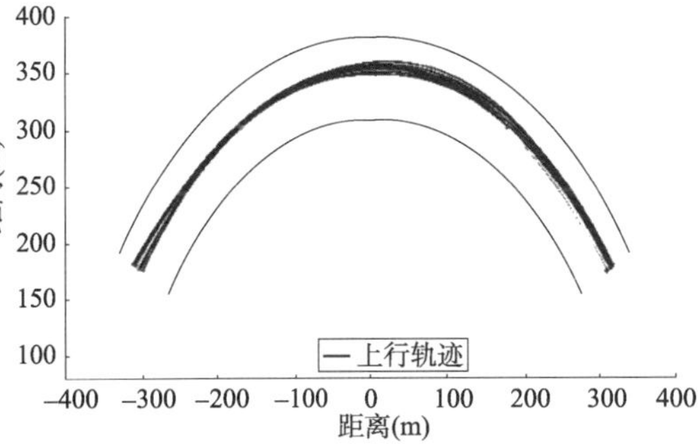

a)完全在本车道行驶

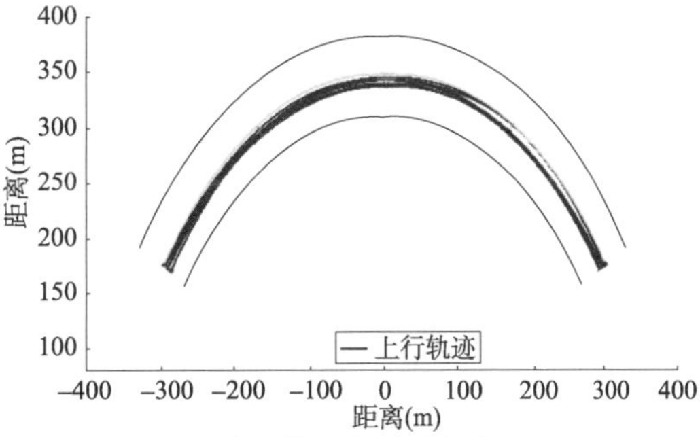

b)完全借用对向车道行驶

图 7-1

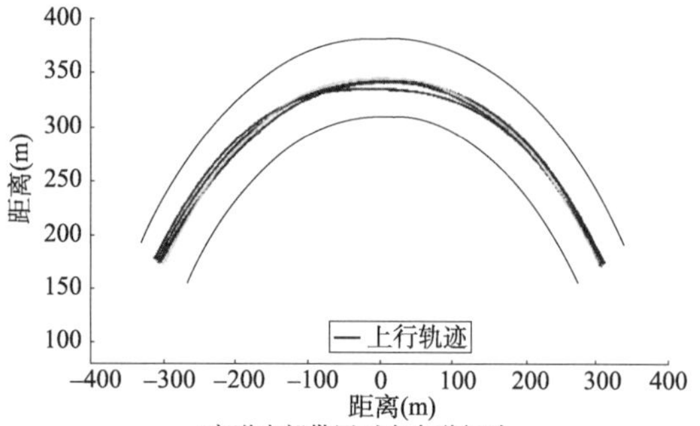

c)弯道中部借用对向车道行驶

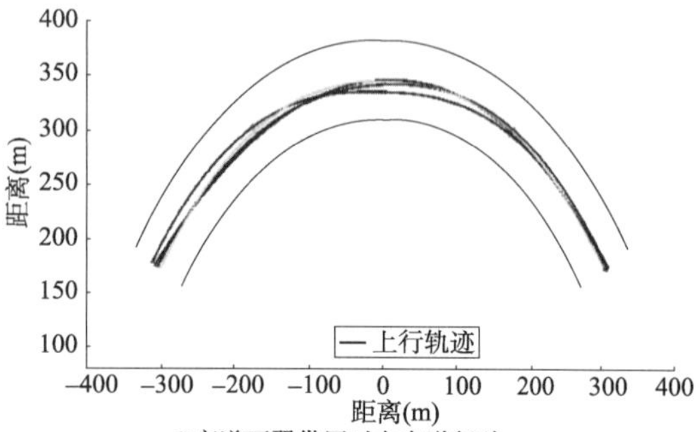

d)弯道两翼借用对向车道行驶

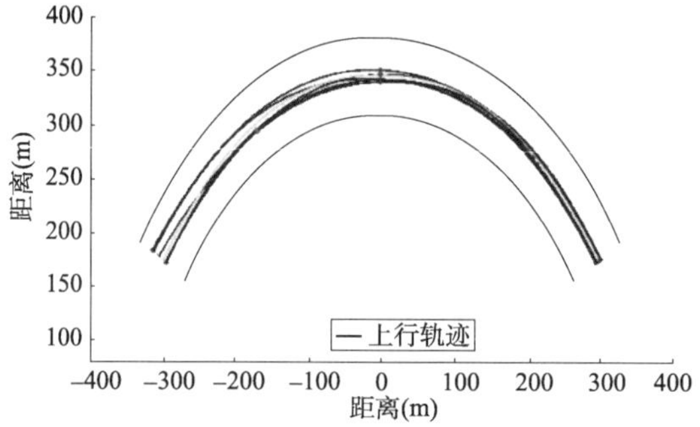

e)弯道一侧借用对向车道行驶过弯

图 7-1　上行小型客车弯道路段不同行车轨迹

弯道两翼借用对向车道行驶过弯的车辆轨迹按其偏移位置又可以分为进曲中处借用对向车道行驶过弯、出曲中处借用对向车道行驶过弯以及进出曲中处均借用对向车道行驶过弯三种轨迹形式，如图 7-2 所示。

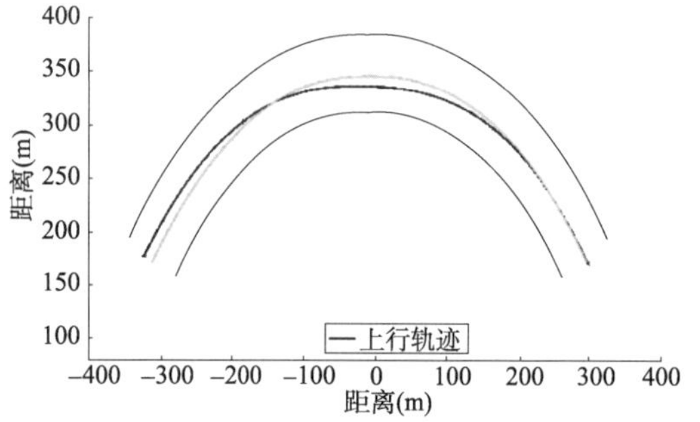

a)出曲中处借用对向车道行驶

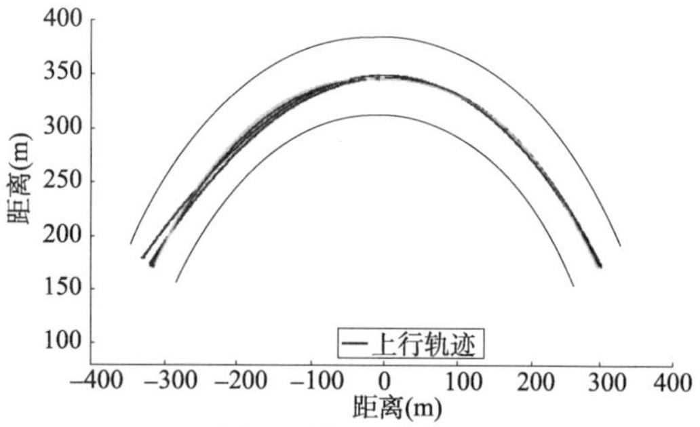

b)出曲中处借用对向车道行驶

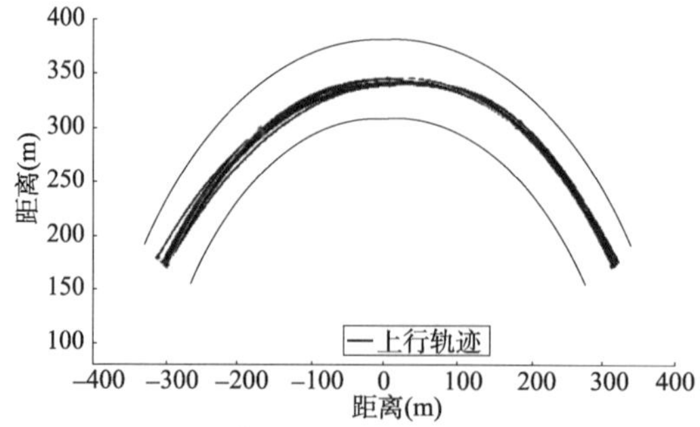

c)进出曲中处均借用对向车道行驶

图 7-2　弯道两翼借用对向车道行驶过弯的车辆轨迹

弯道一侧借用对向车道行驶过弯的车辆轨迹按其偏移位置又可以分为入弯时借用对向车道行驶过弯和出弯时借用对向车道行驶过弯，如图 7-3 所示。

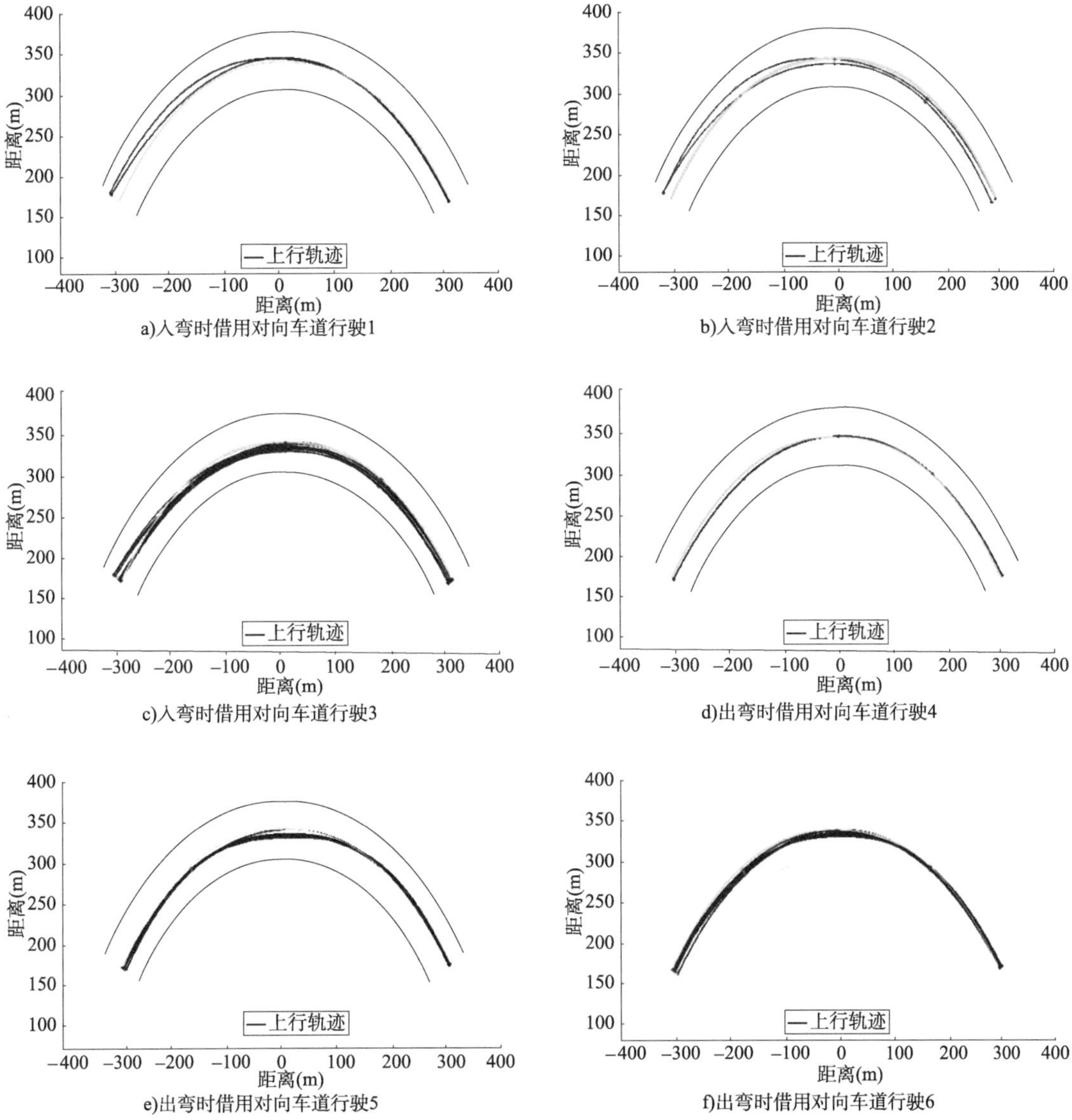

图 7-3　弯道一侧借用对向车道行驶过弯的上行车辆轨迹

下行(弯道内侧)轨迹行驶主要包括：

(1)完全在本车道上行驶过弯的车辆轨迹，如图 7-4a)所示；

(2)弯道中部借用对向车道行驶过弯的车辆轨迹，如图 7-4b)所示；

(3)弯道两侧借用对向车道行驶过弯的车辆轨迹，如图 7-4c)所示；

(4)弯道一侧借用对向车道行驶过弯的车辆轨迹，如图 7-4d)所示。

弯道一侧借用对向车道行驶过弯的车辆轨迹按其偏移位置又可以分为入弯时借用对向车道行驶过弯和出弯时借用对向车道行驶过弯，如图 7-5 所示。

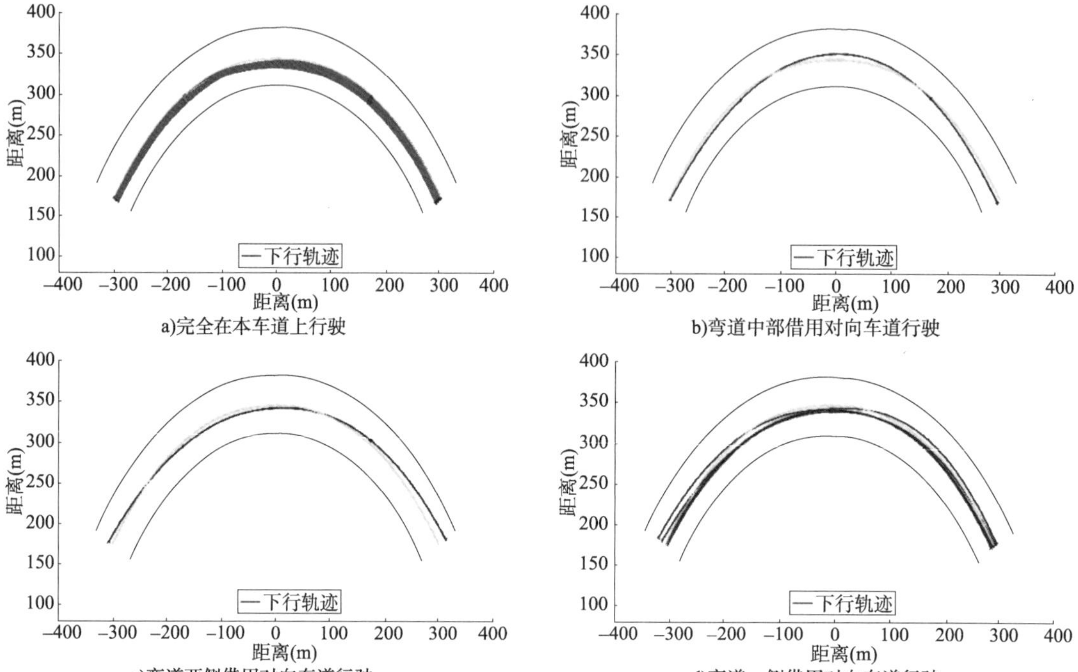

a)完全在本车道上行驶

b)弯道中部借用对向车道行驶

c)弯道两侧借用对向车道行驶

d)弯道一侧借用对向车道行驶

图 7-4　下行小型客车弯道路段不同行车轨迹

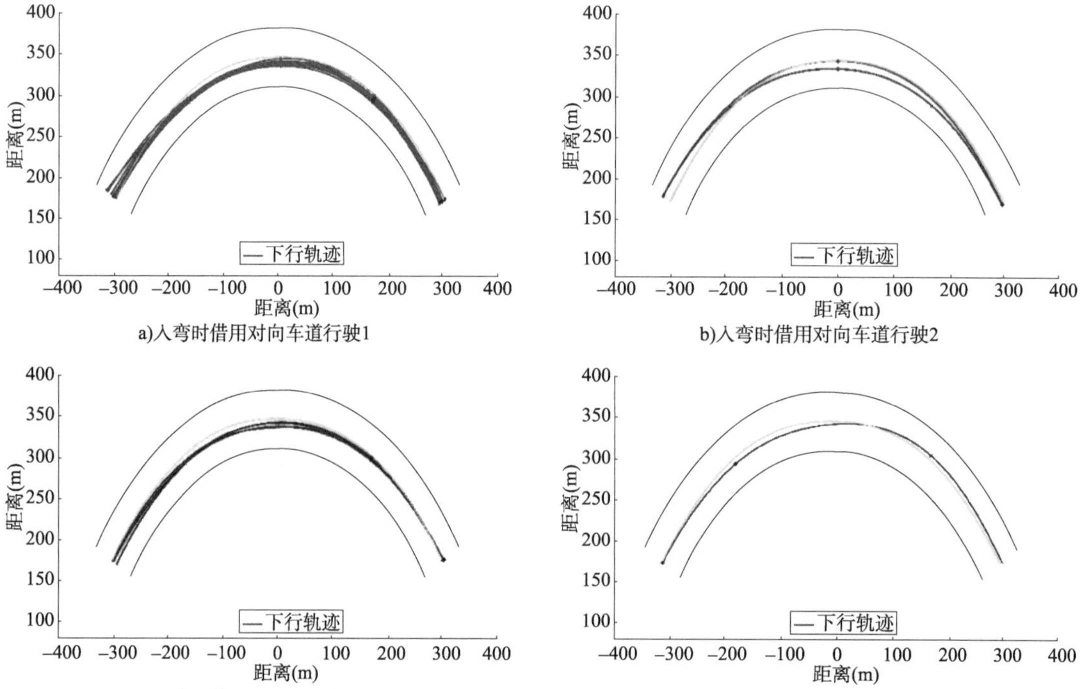

a)入弯时借用对向车道行驶1

b)入弯时借用对向车道行驶2

c)出弯时借用对向车道行驶3

d)出弯时借用对向车道行驶4

图 7-5　弯道一侧借用对向车道行驶过弯的下行车辆轨迹

7.1.2 路段断面行驶轨迹分布

上行方向各断面车辆行驶轨迹分布：采用 SPSS 统计分析软件，对弯道路段上行方向各断面农村公路客车行驶轨迹数据进行分析，得到统计参数，见表 7-1。

弯道路段上行方向各断面车辆行驶轨迹的偏离位置(m)　　表 7-1

参　数	断　面　1	断　面　2	断　面　3	断　面　4	断　面　5
均值	4.750	4.637	4.144	4.498	5.092
中值	4.785	4.520	4.010	4.398	5.108
方差	0.450	0.445	0.482	0.504	0.742
标准差	0.671	0.667	0.694	0.710	0.862
极小值	3.200	3.000	3.070	3.000	3.100
极大值	6.700	6.200	6.080	6.220	6.950
偏度	0.078	0.220	0.811	0.407	-0.030
峰度	0.508	-0.492	0.019	-0.456	-0.656

上行方向不同断面车辆行驶轨迹的频率分布及概率密度曲线如图 7-6 所示。

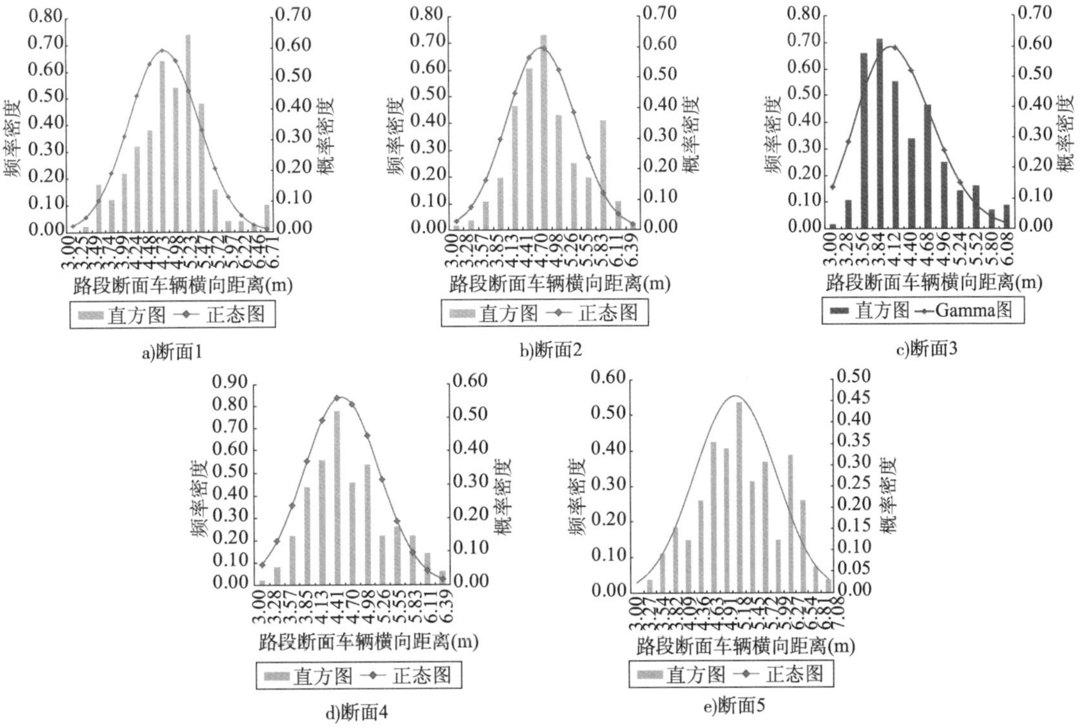

图 7-6　上行方向不同断面车辆行驶轨迹分布

下行方向各断面车辆行驶轨迹分布：采用 SPSS 统计分析软件，对弯道路段下行方向各断面车辆行驶轨迹数据进行分析，得到统计参数，见表 7-2。

弯道路段下行方向各断面车辆行驶轨迹的偏离位置(m) 表 7-2

参　　数	断　面　1	断　面　2	断　面　3	断　面　4	断　面　5
均值	3.812	4.019	3.880	3.889	4.593
中值	3.725	3.850	3.805	3.815	4.515
方差	0.402	0.434	0.411	0.390	0.715
标准差	0.634	0.659	0.641	0.624	0.846
极小值	2.900	2.900	2.850	2.900	3.000
极大值	6.240	6.200	6.080	6.100	6.500
偏度	1.624	1.133	1.015	1.211	0.407
峰度	3.061	1.336	0.993	1.978	-0.512

下行方向不同断面车辆行车轨迹的频率分布图及概率密度曲线如图 7-7 所示。

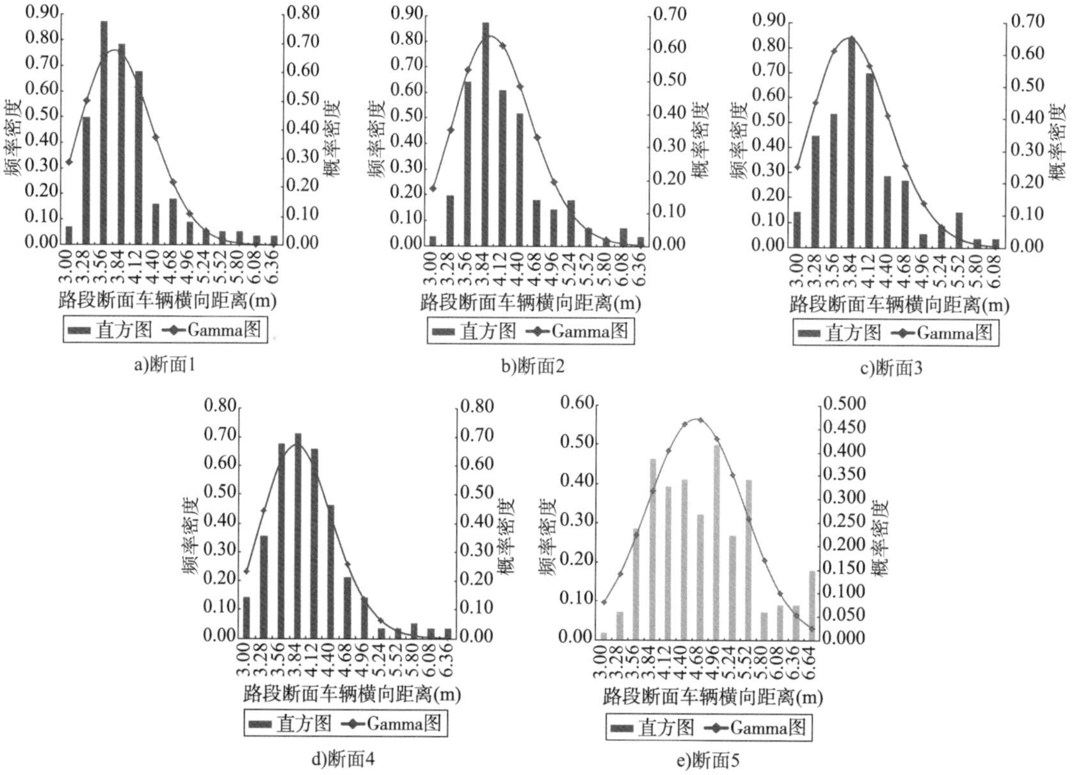

图 7-7　下行方向不同断面小型客车行车轨迹分布

7.1.3　关键断面车辆行驶轨迹偏移量分析

道路中心线是道路线形的最终体现。将车辆行驶轨迹相对于道路中心线的偏移量定义为中线偏移量,该偏移量与轨迹偏移量的大小成正比例关系,故可以用中线偏移量来代表轨迹偏移量。具体量化公式如下:

$$h = \begin{cases} p_{中} - p_{下} \\ p_{上} - p_{中} \end{cases} \tag{7-1}$$

式中：h——中线偏移量，m；

$p_{上}$——上方向车辆行驶轨迹到道路内侧边缘线的距离，m；

$p_{中}$——道路中线到内侧边缘线的距离，m；

$p_{下}$——下行车辆行驶轨迹到道路内侧边缘线的距离，m。

由此，当 h 小于零时，说明车辆在该点处已经跨线行驶，车辆行驶轨迹位于对向车道，且 h 的值与行驶轨迹的偏移量成正比例关系；当 h 大于零时，说明车辆在该点处没有跨线行驶，车辆行驶轨迹位于本车行驶方向的车道内，h 的值越小说明行驶轨迹的偏移量越小。

车辆上下行方向上不同轨迹形式的偏移量如图 7-8 所示，数值见表 7-3。

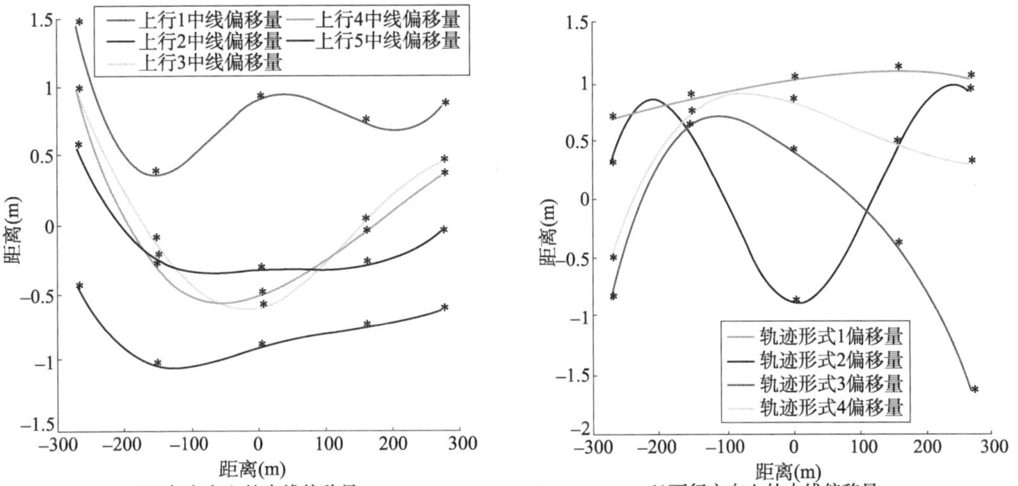

a)上行方向上的中线偏移量　　b)下行方向上的中线偏移量

图 7-8　车辆上下行方向上不同轨迹形式的偏移量

车辆上下行方向上不同轨迹形式的偏移量(m)　　表 7-3

中线偏移量	断　面　1	断　面　2	断　面　3	断　面　4	断　面　5
上行 1	0.86	0.74	0.91	0.37	1.46
上行 2	-0.62	-0.74	-0.90	-1.01	-0.44
上行 3	0.45	0.01	-0.60	-0.11	0.97
上行 4	0.36	-0.06	-0.51	-0.28	0.98
上行 5	-0.05	-0.29	-0.33	-0.23	0.57
平均偏移	0.20	-0.07	-0.29	-0.25	0.71
下行 1	0.92	0.94	0.95	0.80	0.63
下行 2	0.81	0.23	-0.93	0.55	0.25
下行 3	-1.74	-0.54	0.36	0.56	-0.90
下行 4	0.19	0.32	0.77	0.65	-0.57
平均偏移	0.05	0.24	0.29	0.64	-0.15

由图 7-8 和表 7-3 分析可知，上下行方向上的、不同轨迹形式的中线偏移量及偏移位置是不同的。从平均中线偏移量来看，上行方向车辆在弯道中部有明显的借对向车道行驶的迹象，且在曲中处出现最大偏移，偏移量为 -0.29m(代表占对向车道 0.29m)；下行方向车辆基本保持在本车道行驶，仅在入弯处出现借对向车道行驶迹象，最大偏移量出现在入弯

处,达到 -0.15m(表示借用对向车道0.15m)。

7.1.4 弯道路段车辆行驶轨迹的总体特征

通过前述分析可知,不同弯道半径下,车辆行驶轨迹具有如下特点。

(1)弯道路段上行方向的车辆行驶轨迹包括:完全在本车道上行驶过弯的车辆轨迹、完全借用对向车道行驶过弯的车辆轨迹、弯道中部借用对向车道行驶过弯的车辆轨迹、弯道两翼借用对向车道行驶过弯的车辆轨迹、弯道一侧借用对向车道行驶过弯的车辆轨迹五种轨迹形式。

(2)弯道路段下行方向的车辆行驶轨迹包括:完全在本车道上行驶过弯的车辆轨迹、弯道中部借用对向车道行驶过弯的车辆轨迹、弯道两侧借用对向车道行驶过弯的车辆轨迹、弯道一侧借用对向车道行驶过弯的车辆轨迹四种轨迹形式。

(3)上行车辆行驶轨迹形式明显多于下行车辆轨迹形式。

(4)上行方向车辆借对向车道行驶现象较下行方向更为明显,即上行方向的车辆危险性更高。

7.1.5 基于 Lorenz 散点图的车辆操纵稳定性评估

农村公路的道路等级较低,道路质量与高等级公路相比较差。同时,农村公路因其连接村落、乡镇、县城的特殊任务需要穿行在村落之间,道路所处的自然环境多变,外界干扰因素较多。因此,车辆行驶在农村公路上时,行车速度均比较低,车辆本身的操纵稳定性条件对其安全运行的影响不大,而驾驶人的操作和道路条件对车辆运行工况的影响较大。传统的开环车辆操纵稳定性分析并不能反映农村公路上的车辆运行状态。

驾驶人通过观察和感知道路条件、交通状况和周围的环境信息对车辆给出合理的操作,同时,驾驶人也通过感受一定操纵下车辆的运行响应不断的修正转向盘转角和行车速度。描述车辆运行状态的参数较多,常见的有横摆角速度、质心侧偏角、车身侧倾角速度及侧倾角、侧向加速度等。在实际的驾驶过程中,可以认为驾驶人通过感知某一个或者某几个主要的运行参数来对车辆运行状态进行控制和修正,以使得车辆能够安全通过行驶路段。

定义车辆运行状态的变化速率为

$$\begin{cases} x_n = f(n) - f(n-1) \\ y_n = f(n+1) - f(n) \end{cases} \tag{7-2}$$

式中:f——车辆运行参数;

n——时间点或者车辆运行参数序列的位置。

利用上式,可以得到指定的车辆运行参数在一段时间内的速率变化情况,并以散点(x_n,y_n)作图,得到如图7-9所示的Lorenz散点图。图中“主动轴”与x轴的夹角为45°,“被动轴”与“主动轴”垂直。

如图7-9所示,当散点落在“主动轴”的附近时,表明车辆运行参数的前一个时间点和后一个时间点的变化速率相同,参数值恒定增加或者减小。此时,驾驶人在有意识地维持当前的车辆运动状态响应情况,并通过控制转向盘转角、行驶车速等使车辆按照驾驶人的期望和意愿行驶。因此,绝大多数散点都分布在“主动轴”周围时,是驾驶人主动对车辆施加控制的结果,可以认为此时的车辆运行状态时刻掌握在驾驶人手中;当散点落在“被动轴”附近时,表明车辆运行参数的前一个时间点和后一个时间点的变化速率不相同,且变化速率的改变不是数值上的增减,而是方向上的逆转。此时,车辆运行状态的改变多是由道路条件等引起,并非是驾驶人主动控制车辆运行状态的结果。而且,驾驶人并没有特别关注此时车辆运行状态的改变,也没有采取一些主动的控制措施。

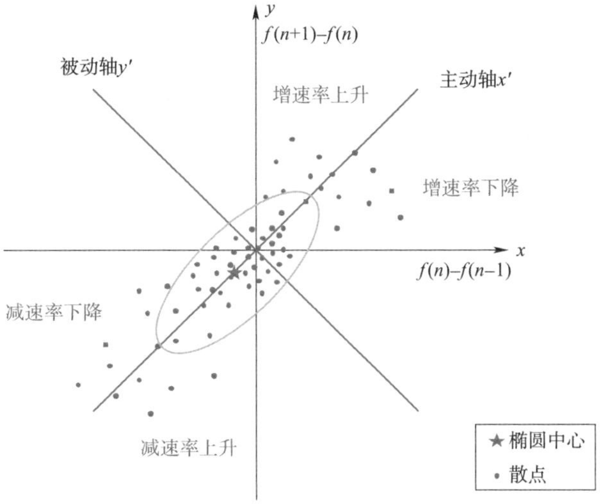

图 7-9　Lorenz 散点图

当散点落在第一象限时,参数的变化速率恒为正值,参数值持续增加;当散点落在第三象限时,参数的变化速率恒为负值,参数值持续减小。散点落在坐标轴的原点附近时,参数值的变化速率基本为 0,车辆稳态行驶。

根据上述分析可知,散点的分布即能够体现驾驶人对该参数的控制情况。如果散点多集中在主动轴附近,表明驾驶人对该参数的演变情况比较满意,希望其能够维持当前的变化速率。因此,驾驶人通过主动控制车辆的运动输入来继续维持当前的状态改变情况;如果参数多集中在被动轴附近,表明该参数受道路条件等外界因素的影响较大,参数时变情况根据外界影响的更改而发生变化,驾驶人或者不是非常在乎此参数的变化情况,或者是对其毫无规律的变化无能为力。因此,根据 Lorenz 散点图的分布情况既能够体现出驾驶人对该参数的重视程度,也能够体现出不同驾驶人在车辆控制上的异同。

非常明显的是,由主动轴和被动轴构成的直角坐标系 x'-y' 可通过逆时针旋转 x-y 坐标系 45deg 得到,且二维散点在 x'-y' 中的坐标可表示为

$$\begin{cases} x_2 = y_1\sin\theta + x_1\cos\theta \\ y_2 = y_1\cos\theta - x_1\sin\theta \end{cases} \tag{7-3}$$

式中:(x_1, y_1)——x-y 坐标系中的散点坐标;

(x_2, y_2)——x'-y' 坐标系中的散点坐标。

整个路段上的散点可以表示为

$$\begin{cases} x_C = \dfrac{1}{m}\sum\limits_{n=1}^{m} x_2(n) \\ y_C = \dfrac{1}{m}\sum\limits_{n=1}^{m} y_2(n) \end{cases} \tag{7-4}$$

其中，m 为全部散点的个数。

散点沿 x'轴的离散情况可表示为

$$SD_1 = \sqrt{\frac{1}{m}\sum_{n=1}^{n=m}(x_2(n) - x_C)^2} \tag{7-5}$$

散点沿 y'轴的离散情况可表示为

$$SD_2 = \sqrt{\frac{1}{m}\sum_{n=1}^{n=m}(y_2(n) - y_C)^2} \tag{7-6}$$

以(x_C,y_C)为中心，以 SD_1 为长半轴，以 SD_2 为短半轴，在 x'-y'坐标系内作一椭圆形(图 7-9)。椭圆的长轴与短轴之比即能反映驾驶人对该参数的控制情况以及该参数反映车辆操纵稳定性的程度：

$$Ind = \frac{SD_1}{SD_2} \tag{7-7}$$

Ind 的值越大，表明驾驶人对该参数的控制能力越大，参数反映车辆行驶稳定性的能力越高；反之，驾驶人对该参数的控制能力越小，参数反映车辆行驶稳定性的能力越低。

通过上述分析可知，Lorenz 散点图法可作为探究车辆操纵稳定性评价指标的方法。

7.1.6 表征农村公路车辆行驶稳定性的指标

车辆的运行参数可分为输入参数和输出参数两大类。输入参数包括转向盘转角、制动力和油门踏板力，这三个参数决定了车辆的行驶方向和行驶速度。输出参数主要包括侧向加速度、横摆角速度、质心侧偏角、车身侧倾角以及侧倾角速度、俯仰角及其俯仰角速度等。输入参数体现驾驶人对车辆的操纵情况，输出参数则体现出一定输入下的车辆动力学响应。

为了探究农村公路上客运车辆操纵稳定性的指标，分别考察速度、横摆角速度、质心侧偏角等参数的 Lorenz 散点图，如图 7-10 所示。

由图 7-10 可知，考察的 8 个参数中(车身侧倾角、侧倾角速度、横摆角速度、侧向加速度、俯仰角速度、俯仰角、质心侧偏角、行车速度)，俯仰角速度和俯仰角的散点图椭圆形的长短轴之比明显小于其他参数，说明这两个参数的变化趋势受道路基本条件等的影响较大，且驾驶人对其的控制程度也比较小。剩余的 6 个参数，其散点图的椭圆形长短轴之比均比较接近且数值较大，说明在行车过程中驾驶人有意识地控制这些参数的变化情况，可实现车辆的安全驾驶。

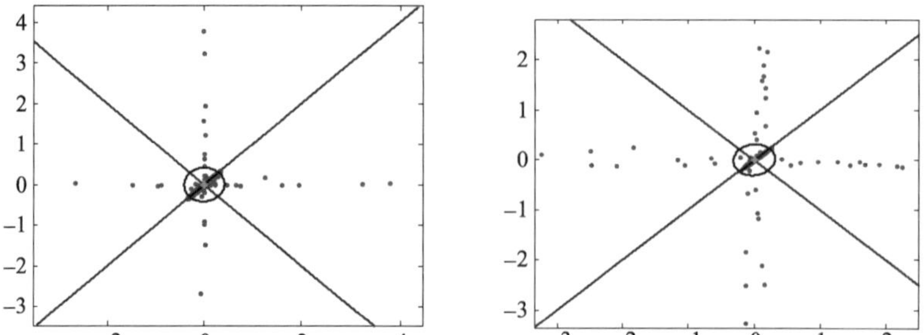

a)车身侧倾角　　b)横摆角速度

图 7-10

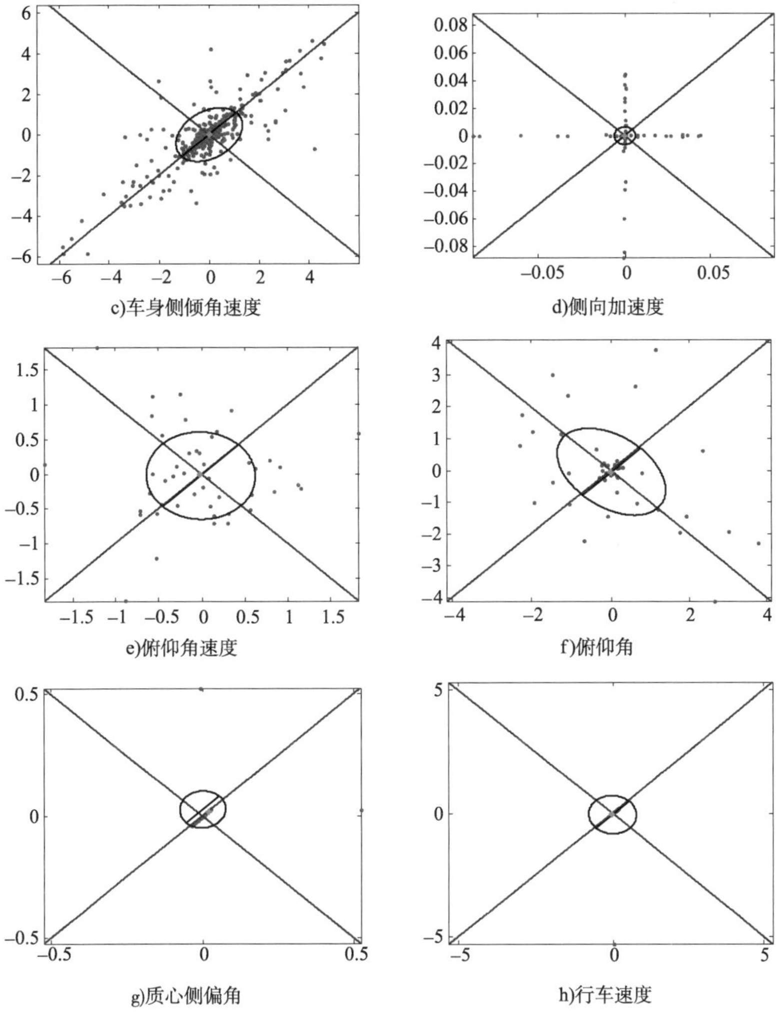

图7-10　指标 Lorenz 散点图

一般地,侧倾、横摆和侧向运动是车辆动力学建模中最为关心的车辆运动自由度,也常用作评价车辆操纵稳定性能的指标。然而,不同类型的车辆,其操纵稳定性评价指标是不相同的。小型车辆和大型车辆在行驶稳定性分析上各自具有不同的侧重点。因此,在本研究中将要探究在农村公路上行驶的营运客车的行驶稳定性关键参数。

统计全部驾驶人在直行路段、不同转弯半径的右转弯道以及不同转弯半径的左转弯道上的侧倾角、横摆角速度、侧倾角速度和侧向加速度散点图的 *Ind* 值,统计结果见表7-4。

不同路段上的侧倾角、横摆角速度、侧倾角速度和侧向加速度 *Ind* 值　　表7-4

路　　段		侧倾角	横摆角速度	侧倾角速度	侧向加速度
直行		1.776	2.569	1.409	1.196
右转 (转弯半径,m)	600 以上	0.999	1.167	1.657	1.013
	350～600	1.001	1.069	1.085	1.003
	220～350	0.921	1.825	1.412	0.915
	160～220	1.011	7.562	1.082	0.957

续上表

路段		侧倾角	横摆角速度	侧倾角速度	侧向加速度
右转 （转弯半径，m）	100～160	1.040	1.090	2.979	0.999
	60～100	24.584	38.655	2.776	55.579
左转 （转弯半径，m）	600 以上	0.999	1.032	1.121	1.003
	350～600	0.996	0.985	1.105	1.000
	220～350	0.983	1.717	1.156	0.951
	160～220	0.989	1.260	1.062	0.962
	100～160	0.991	1.472	2.698	0.972
	60～100	23.286	23.353	3.014	71.393

由表 7-4 可知，弯道半径大于 220m 时，车辆运行参数的 *Ind* 值都比较小，驾驶人对每个参数的关注程度基本相等，并没有对其中某一个参数给予过多的重视和控制。此时，弯道行驶和直线行驶工况下的参数 *Ind* 值相差不大。可以认为：在直线和曲率较大的弯道上行驶时，车辆对一定输入下的运动响应较为缓和，车辆运行状态较为平稳，因而难以体现驾驶人对某个或者某几个表征参数的控制力大小。

当弯道半径位于 100～220m 范围内时，侧倾和横摆角速度的变动剧烈，驾驶人希望能够加强对这两个参数的控制能力。而当弯道半径小于 100m 时，侧向加速度处于绝对的优势地位，其发展最为迅速，因而也最容易使车辆发生危险。

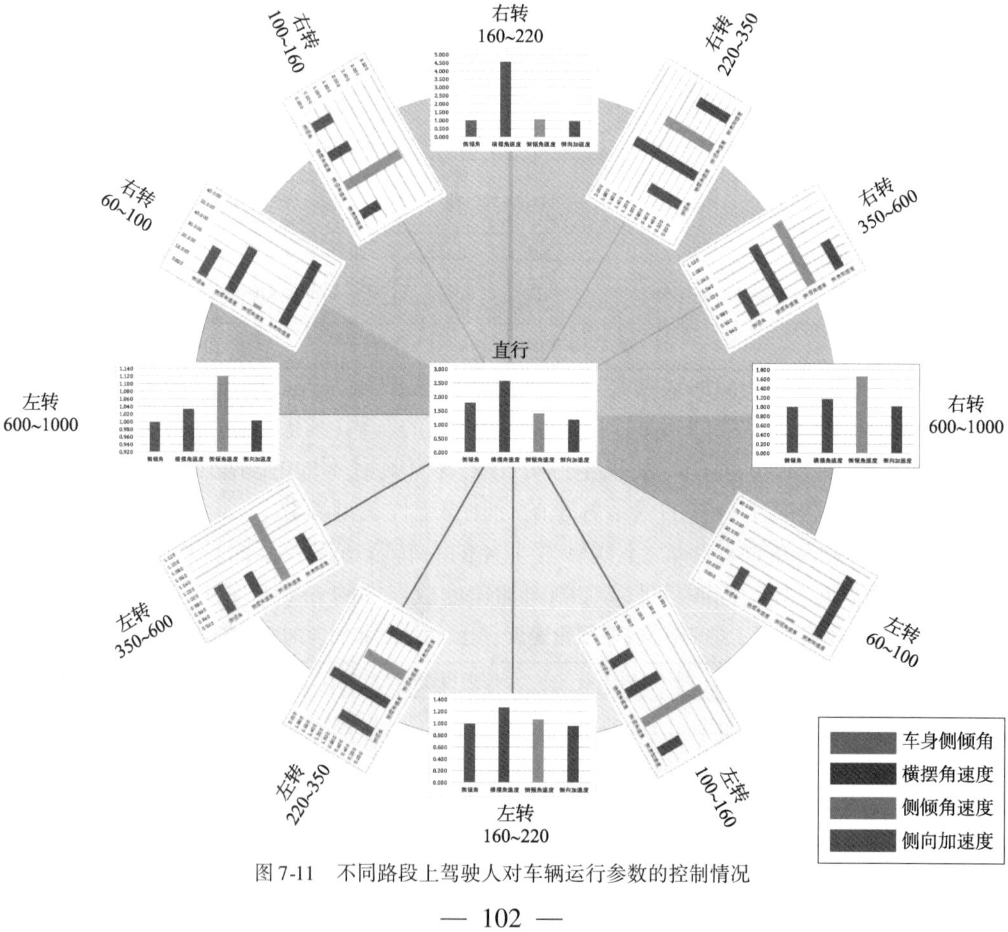

图 7-11　不同路段上驾驶人对车辆运行参数的控制情况

综上所述,在直行和曲率较小的弯道上行驶时,车辆运行状态的演变趋势均较为平缓,一定输入下的车辆运动响应较为缓和,车辆运行状态的改变限制在较小的范围内,因而驾驶人对车辆的控制也比较小;在曲率较大的弯道上行驶时,某些参数的变化幅度达到较大值,其增长率和衰减率的大小即反映了驾驶人对其控制情况。参数沿着"主动轴"的分布范围越大,表明其变化幅度越大,驾驶人对其控制能力也越强,该参数也就更能反映车辆行驶稳定性状态。根据表7-4和图7-11的分析结果,曲率较大时,横摆角速度、车身侧倾角速度和侧向加速度更能反映车辆行驶状态。

7.1.7 评价指标的讨论

根据上述实验研究以及开展的仿真研究,在路面与轮胎间的摩擦系数足够高的前提下,车辆侧向加速度、横摆角速度和车身侧倾角的变化趋势一致,不同轨迹间三个参数的变化幅度近似相同。而实际上,车辆的横摆角速度主要由弯道曲率和前后轮胎侧偏角的差值决定。因此,车辆在弯道路段行驶时,最能体现车辆行驶稳定性的指标为侧向加速度,当作用在车身上的侧向加速度过高、车身侧向力超过轮胎侧偏力的极限时,车辆极易发生侧滑危险。

7.2 农村公路客运线路的安全适应性评价

农村公路客运线路安全适应性评估流程如图7-12所示。通过前述实验研究和公路线形对客运车辆行驶稳定性和纵坡爬坡能力的研究,初步确定按以下步骤和方法开展农村公路客运线路的安全适应性评价。

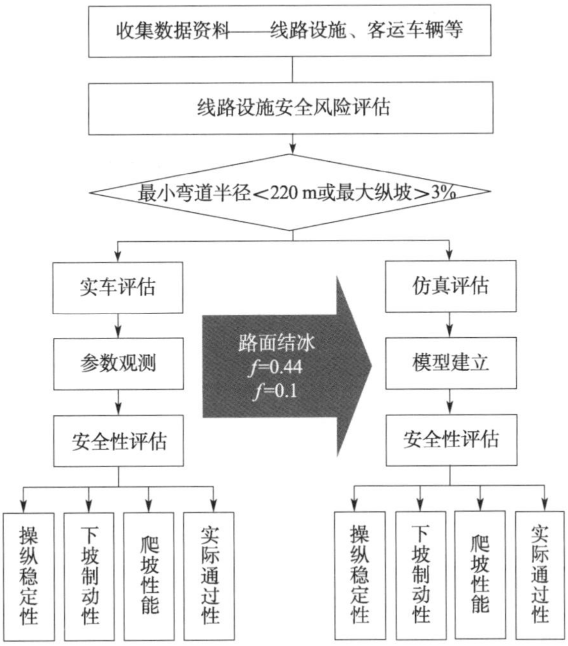

图7-12 农村公路客运线路安全适应性评估流程

(1)收集线路通行数据,数据收集内容见表7-5。

农村公路客运车辆通行安全评价线路设施数据采集内容　　表7-5

数据类型	数据内容
总体情况	路段技术等级、行政等级、设计速度
平面线形	小于平曲线半径一般值的弯道:设置位置、转角、圆曲线半径、圆曲线长、缓和曲线长、超高值
纵断面线形	坡度大于3%的纵坡:设置位置、长度、纵坡度、纵曲线半径、纵曲线长
横断面	路基宽度、车道数、路肩宽度、车道宽度、路基边坡坡度
路面条件	路面性质、路面材料
桥梁	桥梁结构类型、桥长、桥面宽、建设年限、技术等级、最大荷载
隧道	隧道长、隧道净宽、隧道净高、洞口形式、洞口护栏衔接形式、隧道路面性质
路线交叉	交叉口位置、交叉口视距、交叉口线形、交叉口控制方式、接入角度、接入坡度;被交路信息:技术等级、行政等级
交通安全设施	标志的设置位置、形式、内容、尺寸、是否有反光性能; 标线的设置起始位置、形式、尺寸、图案、是否有反光性能、完好程度; 护栏的设置起始位置、类型、材料、横截面尺寸; 速度控制设施位置、类型、材料、尺寸; 其他安全设施的设置位置、类型、形式、尺寸
路域环境	路侧环境类型(村镇、河流湖泊、悬崖、山坡)、路侧深度、常见气象灾害类型、常见气象灾害频率
其他	交通流量、选线双向视频、历史事故数据

(2)了解掌握计划使用的客运车辆情况,车辆性能参数至少应包括表7-6的数据。

农村公路客运车辆通行安全评价车辆数据采集内容　　表7-6

数据类型	数据内容
尺寸类	外廓尺寸、轮距、轴距、前/后悬、接近角、离去角、轮胎半径、地板高度
承载类	最大允许总质量、空载质量、核载人数、前轴载荷占总质量的百分比
动力性	比功率、最高车速、最大爬坡度
制动性	前/后制动器类型
其他	车身模式、行李架位置、车内随行物品存放区核载和位置、乘客门位置

(3)应用风险评估等技术,对线路设施的总体安全水平进行评价,供公路建设管理部门参考,并重点针对安全设施开展改善。

(4)如果线路上最小平曲线半径大于220m、最大纵坡小于3%,可以不再进行后续评价步骤;如果线路上最小平曲线半径小于220m、最大纵坡大于3%,需要进入下一步。

(5)具备条件时,可开展实车实验,请驾驶人驾驶计划使用的客运车辆,在线路上多次行驶,同时,对线路上平曲线半径小于220m或纵坡大于3%的路段,开展客运车辆行车参数观测,观测的参数应包括速度、横摆角速度、车身侧倾角速度、侧向加速度和制动器温度。根据观测数据,开展以下评价。

①应用前述基于实车实验的评价方法,对各平曲线路段的行驶稳定性进行评价。

②对客运车辆在纵坡上的下坡过程,利用车辆下坡制动温升模型,预测客运车辆在长纵坡的制动温升情况,对客运车辆下坡安全性进行评价。

③对客运车辆在纵坡上的上坡过程,对于不存在冰冻情况的路段,按实测爬坡车速的变化情况,当车速在纵坡上低至10km/h时,应考虑采取安全改善措施;对于存在冰冻的路段,应利用基于动力学仿真的农村客车爬坡性能评价方法,开展路面摩擦系数0.1情况下的爬坡性能评价。

(6)当不具备实车实验条件时,可开展基于仿真的评价。

①根据线路设施条件和计划使用的客车性能指标,应用基于Trucksim的评估软件构建仿真模型。

②利用基于动力学仿真的客车行驶稳定性评价技术,对客运车辆在平曲线路段的行驶稳定性进行评价。其中,对于存在冰冻的路段,应开展路面摩擦系数0.1的仿真评价。

③利用基于动力学仿真的农村客车爬坡性能评价方法,对客运车辆上坡安全性进行评价。其中,对于存在冰冻的路段,应开展路面摩擦系数0.1的仿真评价。

④对客运车辆在纵坡上的下坡过程,利用基于车路耦合的客运车辆下坡安全评价方法,对客运车辆下坡安全性进行评价。

(7)根据上述评价结论,对发现的线路安全问题,开展针对性的改善。

7.3 基于风险评估公路设施安全水平评估

基于风险评估公路设施安全水平评估公路风险评估可参照《公路安全生命防护工程实施技术指南(试行)》给出的公路风险评估方法开展。

公路风险评估可参照以下工作步骤进行。

(1)基础数据采集。需要采集的基础数据包括:公路沿线视频(含公路中心线,辐射公路两侧170°左右的范围)、对应的里程桩号信息、GPS(全球定位系统)信息(应同步标注与公路里程桩号的匹配关系)、交通量信息和运行速度信息等。按整幅进行数据采集和风险值计算。

(2)数据标准化处理。按照表7-7、表7-8和表7-9给出的分类和取值方法,将公路指标及对应属性分类和量化,按100m为一个单元进行数据标准化处理。

(3)评估计算。利用标准化处理后的信息数据,将100m路段范围内存在的属性风险系数按照图7-13所示的计算方法进行计算,即可求得路段的公路风险HR。在图7-13中,3条虚线将模型分为了4个区域,第4区域各公路属性所对应的风险系数相乘可得到对应第3区域的事故可能性或严重性指数;第3区域内的事故可能性指数、严重性指数以及运行速度和交通量对应的系数相乘即可得到第2区域的各事故形态风险指标;第2区域中各事故形态风险指标相加即可得到最终的路段公路风险指标。指标属性和风险系数取值见表7-7、表7-8。

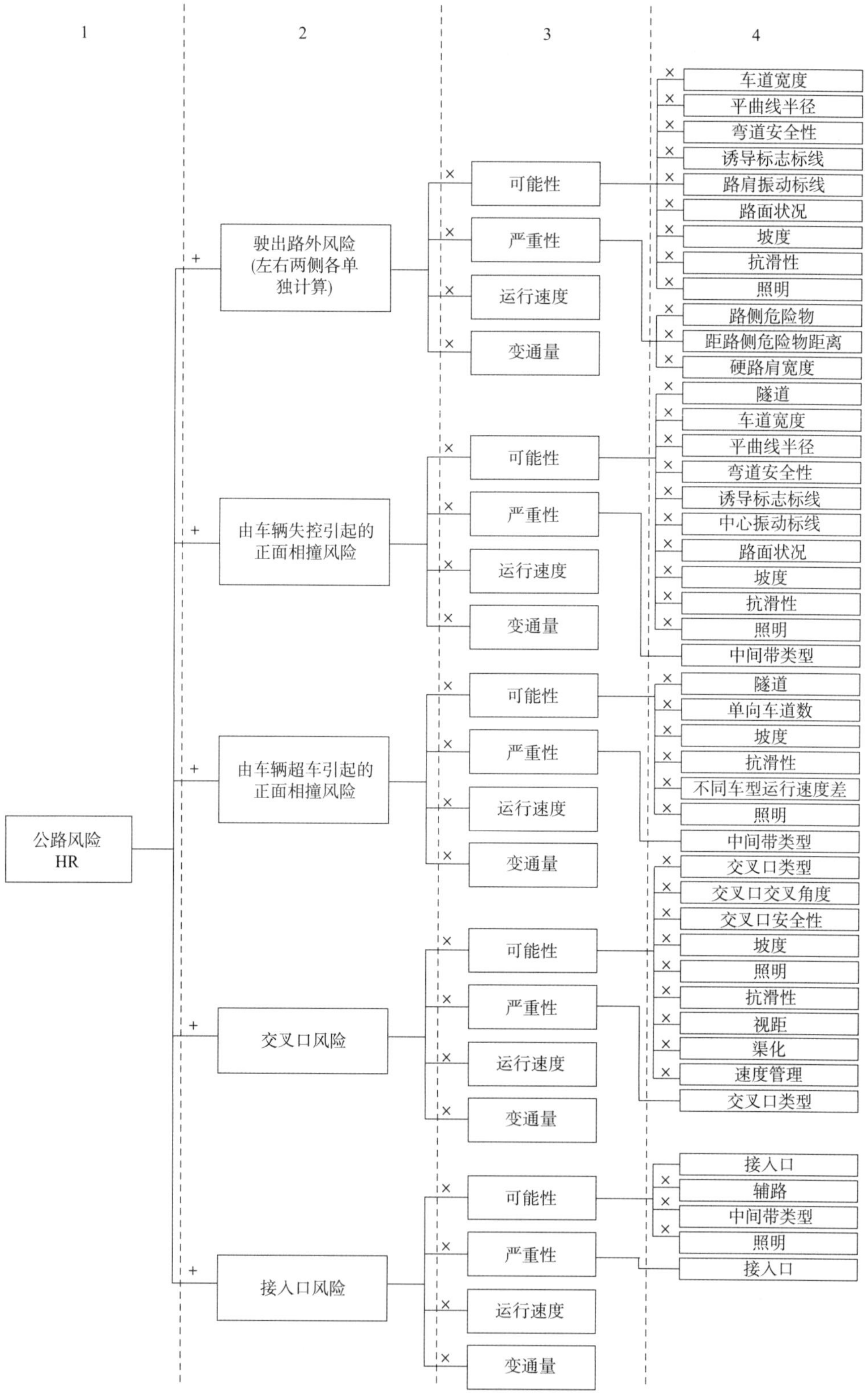

图 7-13　公路风险分值计算方法

公路风险指标属性和风险系数取值　　表 7-7

公路指标	公路属性	风险系数
不同车型运行速度差	<20km/h	1
	≥20km/h	1.2
隧道	无	1
	有	1.2
中间带类型(计算由车辆失控引起的正面相撞风险指标"严重度"用)	波形梁钢护栏	0
	混凝土护栏	0
	临时示警桩	90
	中央渠化线(>1m)	83
	中心线	100
	单行道	0
	较宽的中心线(0.3~1m)	95
	缆索护栏	0
中间带类型(计算由车辆超车引起的正面相撞风险指标"严重度"用)	波形梁钢护栏	0
	混凝土护栏	0
	示警桩	0
	中央渠化线(>1m)	82.5
	中心标线	100
	单行道	0
	较宽的中心线(0.3~1m)	100
	缆索护栏	0
中间带类型(计算接入口风险指标"可能性"用)	波形梁钢护栏	0.7
	混凝土护栏	0.7
	示警桩或分道体	1
	中央渠化线(>1m)	1
	中心标线	1
	单行道	0.7
	较宽的中心线(0.3~1m)	1
	缆索护栏	0.7
中心振动标线	有	1
	无	1.2
左侧路侧危险物距车道边缘线距离	0~1m(不含1m)	1
	1~5m(不含5m)	0.8
	5~10m(不含10m)	0.35
	≥10m	0.1
左侧危险物	波形梁钢护栏	12

续上表

公路指标	公路属性	风险系数
左侧危险物	混凝土护栏	15
	对摩托车有防护效果的安全设施	12
	缆索护栏	9
	垂直的山体	55
	上边坡(15°~75°)	45
	上边坡(≥75°)	40
	深排水渠	55
	下边坡(>15°)	45
	邻水邻崖	90
	直径大于10cm的树	60
	直径大于10cm的标志牌、桩或者杆	60
	坚硬的结构物、桥梁或者建筑物	60
	易碎的结构物或者建筑物	30
	无防护的护栏端头	60
	大石(高≥20cm)	60
	无危险物	35
右侧路侧危险物距车道边缘线距离	0~1m(不含1m)	1
	1~5m(不含5m)	0.8
	5~10m(不含10m)	0.35
	≥10m	0.1
右侧危险物	波形梁钢护栏	12
	混凝土护栏	15
	缆索护栏	9
	垂直的山体	55
	上边坡(15°~75°)	45
	上边坡(≥75°)	40
	深排水渠	55
	下边坡(>15°)	45
	邻水邻崖	90
	直径大于10cm的树	60
	直径大于10cm的标志牌、桩或者杆	60
	坚硬的结构物、桥梁或者建筑物	60
	易碎的结构物或者建筑物	30
	无防护的护栏端头	60
	大石(高≥20cm)	60

续上表

公路指标	公路属性	风险系数
右侧危险物	无危险物	35
路肩振动标线或振动带	无	1.25
	有	1
左侧硬路肩宽度	宽(≥2.4m)	0.77
	中等(1.0~2.4m)	0.83
	窄(0~1.0m)	0.95
	无	1
右侧硬路肩宽度	宽(≥2.4m)	0.77
	中等(1.0~2.4m)	0.83
	窄(0~1.0m)	0.95
	无	1
交叉口类型(计算交叉口风险指标“可能性”用)	合流匝道	6
	环岛	15
	3枝交叉:无信号灯、有转弯车道	13
	3枝交叉:无信号灯、无转弯车道	16
	4枝交叉:无信号灯、有转弯车道	16
	4枝交叉:无信号灯、无转弯车道	23
	无交叉口	0
	铁道交叉:被动式,仅有标志	1
	铁道交叉:主动式,闪烁警示灯和闸门	0.5
	中分带开口:非正式	0.5
	中分带开口:正式	0.3
	小型环岛	16
交叉口类型(计算交叉口风险指标“严重度”用)	合流匝道	15
	环岛	15
	3枝交叉:无信号灯、有转弯车道	45
	3枝交叉:无信号灯、无转弯车道	45
	4枝交叉:无信号灯、有转弯车道	50
	4枝交叉:无信号灯、无转弯车道	50
	无路口	0
	铁道交叉:被动式,仅有标志	150
	铁道交叉:主动式,闪烁警示灯和闸门	150
	中分带开口:非正式	45
	中分带开口:正式	45

续上表

公路指标	公路属性	风险系数
交叉口类型(计算交叉口风险指标“严重度”用)	小型环岛	35
交叉口渠化	无	1.2
	有	1
	无交叉口	0
交叉口流量	≥1000 辆	0.125
	100 ~ 1000 辆	0.063
	1 ~ 100 辆	0.005
	无交叉口	0
交叉口安全性	标志和标线设置合理、充分,视距充分	1
	缺乏	1.2
	无交叉口	0
交叉口交叉角度	90°	1
	60° ~ 90°	1.2
	30° ~ 60°	1.5
	无交叉口	0
接入口(计算接入口风险指标“可能性”用)	商业性接入≥1 个	2
	居住性接入≥3 个	1.3
	居住性接入 1 个或 2 个	1.1
	无接入口	0
接入口(计算接入口风险指标“严重度”用)	商业性接入≥1 个	50
	居住性接入≥3 个	50
	居住性接入 1 个或 2 个	50
	无接入口	0
单向车道数	1 车道	1
	2 车道	0.02
车道宽度	宽(≥3.25m)	1
	中等(2.75 ~ 3.25m)	1.2(非穿村路段) 1.05(穿村路段)
	窄(0 ~ 2.75m)	1.5(非穿村路段) 1.1(穿村路段)
弯道半径	>1500m	1
	700 ~ 1500m	1.2
	400 ~ 700m	1.8
	200 ~ 400m	3.5

续上表

公 路 指 标	公 路 属 性	风 险 系 数
弯道半径	100～200m	6
	0～100m	9
弯道安全性	弯道标志和标线等指示和诱导设施充分	1
	弯道处无专门标志和标线等指示和诱导设施或不足或破损	1.25
	未应用(非弯道段)	1
纵坡度	0%～2.5%	1
	2.5%～4%	1.05
	4%～7%	1.1
	7%～10%	1.2
	≥10%	1.7
路面状况	好	1
	局部破坏,偶尔影响行车	1.2
	破坏严重,连续性影响行车	1.4
路面抗滑性	硬化路面,抗滑性好	1
	硬化路面,抗滑性中,光滑/反光路面少于20%	1.4
	硬化路面,抗滑性差,超过20%路段光滑/反光	2
	未硬化路面,抗滑性好,不会出现雨天路面泥泞等降低抗滑性情况	3
	未硬化路面,抗滑性差,如雨天光滑的泥路	5.5
诱导标志标线	标志和标线设置合理、充分	1
	只有标线或只有标志	1.1
	差(无或破损严重)	1.2
照明	无	1
	有	0.73
减速标线、减速丘等速度管理措施	无	1.25
	有	1
辅路	无	1.5
	有	1
视距	好	1
	差,通常小于100m	1.42

运行速度风险系数取值表

表 7-8

计算“驶出路外风险”用		
速度(km/h)	路侧险要路段	其他路段
≤30	0.2	0.008
35	0.233	0.013
40	0.267	0.019
45	0.3	0.027
50	0.333	0.037
55	0.367	0.049
60	0.4	0.064
65	0.433	0.081
70	0.467	0.102
75	0.5	0.125
80	0.533	0.152
85	0.567	0.182
90	0.6	0.216
95	0.633	0.254
100	0.667	0.296
105	0.7	0.343
110	0.733	0.394
115	0.767	0.451
120	0.8	0.512

计算“由车辆失控引起的正面相撞风险”用	
速度(km/h)	全路段
≤30	0.008
35	0.013
40	0.019
45	0.027
50	0.037
55	0.049
60	0.064
65	0.081
70	0.102
75	0.125
80	0.152

续上表

计算“由车辆失控引起的正面相撞风险”用	
速度(km/h)	全路段
85	0.182
90	0.216
95	0.254
100	0.296
105	0.343
110	0.394
115	0.451
120	0.512

计算“由车辆超车引起的正面相撞风险”和“接入口风险”用	
速度(km/h)	全路段
≤30	0.008
35	0.013
40	0.019
45	0.027
50	0.037
55	0.049
60	0.064
65	0.081
70	0.102
75	0.125
80	0.152
85	0.182
90	0.216
95	0.254
100	0.296
105	0.343
110	0.394
115	0.451
120	0.512

计算“交叉口风险”用		
速度(km/h)	公路与铁路平面相交路段	其他路段
≤30	0.2	0.008
35	0.233	0.013
40	0.267	0.019

续上表

计算“交叉口风险”用		
速度(km/h)	公路与铁路平面相交路段	其他路段
45	0.3	0.027
50	0.333	0.037
55	0.367	0.049
60	0.4	0.064
65	0.433	0.081
70	0.467	0.102
75	0.5	0.125
80	0.533	0.152
85	0.567	0.182
90	0.6	0.216
95	0.633	0.254
100	0.667	0.296
105	0.7	0.343
110	0.733	0.394
115	0.767	0.451
120	0.8	0.512

交通量风险系数取值表 表 7-9

计算“驶出路外风险”用				
每条车道 AADT	无中央分隔带 1 车道	无中央分隔带 2 车道	无中央分隔带 3 车道	无中央分隔带 4 车道及以上
0 ~ 2000	0.474	0.451	0.431	0.413
2000 ~ 4000	0.448	0.408	0.377	0.355
4000 ~ 6000	0.422	0.37	0.336	0.313
6000 ~ 8000	0.397	0.339	0.306	0.284
8000 ~ 10000	0.372	0.312	0.285	0.262
10000 ~ 12000	0.347	0.29	0.27	0.25
12000 ~ 14000	0.322	0.273	0.26	0.25
14000 ~ 16000	0.298	0.261	0.255	0.25
16000 ~ 18000	0.274	0.253	0.252	0.25
> 18000	0.25	0.25	0.25	0.25
计算“由车辆失控引起的正面相撞风险”用				
每条车道 AADT	无中央分隔带 1 车道	无中央分隔带 2 车道	无中央分隔带 3 车道	无中央分隔带 4 车道及以上
0 ~ 2000	0.052	0.099	0.139	0.173
2000 ~ 4000	0.104	0.185	0.246	0.291

续上表

计算"由车辆失控引起的正面相撞风险"用				
每条车道 AADT	无中央分隔带 1 车道	无中央分隔带 2 车道	无中央分隔带 3 车道	无中央分隔带 4 车道及以上
4000 ~ 6000	0.155	0.259	0.327	0.373
6000 ~ 8000	0.206	0.323	0.388	0.433
8000 ~ 10000	0.256	0.376	0.431	0.475
10000 ~ 12000	0.306	0.419	0.461	0.5
12000 ~ 14000	0.355	0.453	0.48	0.5
14000 ~ 16000	0.404	0.478	0.491	0.5
16000 ~ 18000	0.452	0.493	0.497	0.5
>18000	0.5	0.5	0.5	0.5
计算"由车辆超车引起的正面相撞风险"用				
每条车道 AADT	无中央分隔带 1 车道	无中央分隔带 2 车道	无中央分隔带 3 车道	无中央分隔带 4 车道及以上
0 ~ 2000	0.01	0.01	0.01	0.01
2000 ~ 4000	0.02	0.02	0.02	0.02
4000 ~ 6000	0.03	0.03	0.03	0.03
6000 ~ 8000	0.042	0.042	0.042	0.042
8000 ~ 10000	0.06	0.06	0.06	0.06
10000 ~ 12000	0.086	0.086	0.086	0.086
12000 ~ 14000	0.116	0.116	0.116	0.116
14000 ~ 16000	0.148	0.148	0.148	0.148
16000 ~ 18000	0.18	0.18	0.18	0.18
>18000	0.2	0.2	0.2	0.2

计算"交叉口风险"用	
交叉口 AADT	全路段
0	0
1 ~ 100	0.005
100 ~ 1000	0.063
≥1000	0.125
计算"接入口风险"用	
接入口个数	全路段
0	0
居住性接入 1 或 2	0.01
居住性接入≥3	0.02
商业性接入≥1	0.03

（1）实验准备。将计划在线路上使用的客运车辆或外廓尺寸与比功率与其相近的客运车辆作为实验车，安装数据采集设备。

（2）数据采集。数据采集内容包括速度、横摆角速度、车身侧倾角速度和侧向加速度，有条件时可同时测量前后轮制动器温度，用于基于制动器温升模型的评估。

（3）实验被试。在线路运营企业挑选不少于 8 名农村客运驾驶人作为被试，被试的年龄、驾龄宜与计划安排驾驶该线路车辆的驾驶人相近，性别应与之相同。

（4）实验的实施。挑选线路计划运营的时段开展实验，每名被试驾驶实验车往返线路 3 次，开展客运车辆行车参数观测记录，实验时天气应为晴好。

（5）弯道路段车辆行驶稳定性的评估。按下式计算分析点坐标：

$$\begin{cases} x_n = f(n) - f(n-1) \\ y_n = f(n+1) - f(n) \end{cases} \tag{7-8}$$

式中：f——车辆运行参数（横摆角速度、车身侧倾角速度和侧向加速度）；

n——时间点或者车辆运行参数序列的位置。

以所有的分析点坐标对（x_n，y_n）作图，得到图 7-14 所示的 Lorenz 散点图。图中"主动轴"与 x 轴的夹角为 θ，"被动轴"与"主动轴"垂直。

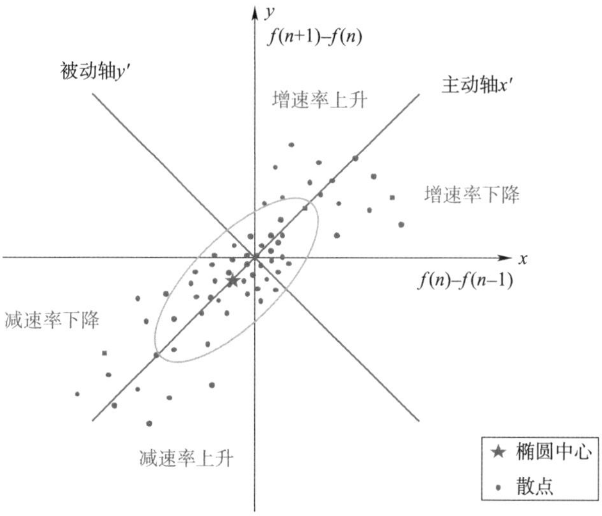

图 7-14 Lorenz 散点图

变换坐标系，按式（7-9）：

$$\begin{cases} x_2 = y_1 \sin\theta + x_1 \cos\theta \\ y_2 = y_1 \cos\theta - x_1 \sin\theta \end{cases} \tag{7-9}$$

将（x_n，y_n）中各点的坐标转换为 $x' - y'$ 坐标系中的坐标。

求解计算参数：

$$\begin{cases} x_C = \dfrac{1}{m}\sum_{n=1}^{m} x_2(n) \\ y_C = \dfrac{1}{m}\sum_{n=1}^{m} y_2(n) \end{cases} \tag{7-10}$$

其中，m 为全部散点的个数。

求解横摆角速度、车身侧倾角速度和侧向加速度的评估指标 Ind：

$$Ind = \frac{SD_1}{SD_2} \tag{7-11}$$

其中：

$$SD_1 = \sqrt{\frac{1}{m}\sum_{n=1}^{n=m}(x_2(n) - x_C)^2}$$

$$SD_2 = \sqrt{\frac{1}{m}\sum_{n=1}^{n=m}(y_2(n) - y_C)^2}$$

对于横摆角速度、车身侧倾角速度和侧向加速度这三个参数而言，任何一个 Ind 值大于3时，即可认为该弯道行车风险较高，可以考虑采取交通安全改善措施；当任何一个参数大于20时，即应将该弯道作为高风险路段，开展安全改善。

(6)纵坡路段车辆爬坡性能的评估。根据观测的坡度大于3%路段上坡的车辆行驶速度，若上坡过程中速度下降幅度超过20km/h，即可认为该弯道行车风险较高，可以考虑采取交通安全改善措施；若上坡过程中速度下降至低于10km/h，即应将该弯道作为高风险路段，开展安全改善。

7.4　基于仿真的客运线路安全适应性评估

(1)数据收集。根据动力学仿真软件建模的需求，以上节所列表格为基础，尽可能收集评价线路和车辆的主要技术参数。

(2)建立车辆和道路仿真模型。根据收集得到的评价线路和车辆的主要技术参数，在动力学仿真软件中建立车辆和道路仿真模型。

(3)弯道路段仿真轨迹的设定。选择不同设计速度下的修正轨迹作为仿真轨迹：

①设计速度40km/h：行驶轨迹与道路中心线的最大偏移量(图7-15中 $D_{\_latmax}$)为2m；轨迹起点相对于道路中心线起点的提前距离(图7-15中 $D_{\_Verin}$ 和图7-15中 $D_{\_Verout}$)为5m。

②设计速度30km/h：行驶轨迹与道路中心线的最大偏移量(图7-15中 $D_{\_latmax}$)为2m；轨迹起点相对于道路中心线起点的提前距离(图7-15中 $D_{\_Verin}$ 和图7-15中 $D_{\_Verout}$)为5m。

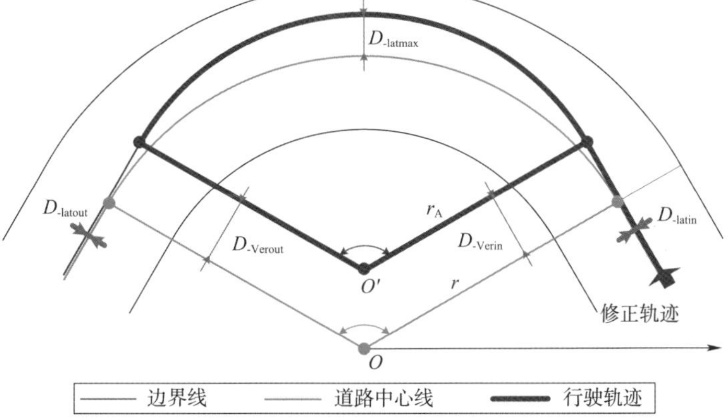

图7-15　修正轨迹示意图

③设计速度 20km/h：行驶轨迹与道路中心线的最大偏移量（图 7-15 中 $D_{\_latmax}$）为 1m；轨迹起点相对于道路中心线起点的提前距离（图 7-15 中 $D_{\_Verin}$ 和图 7-15 中 $D_{\_Verout}$）为 3m。

④设计速度 15km/h：行驶轨迹与道路中心线的最大偏移量（图 7-15 中 $D_{\_latmax}$）为 0.5m；轨迹起点相对于道路中心线起点的提前距离（图 7-15 中 $D_{\_Verin}$ 和图 7-15 中 $D_{\_Verout}$）为 2m。

⑤设计速度 10km/h：行驶轨迹与道路中心线的最大偏移量（图 7-15 中 $D_{\_latmax}$）为 0.5m；轨迹起点相对于道路中心线起点的提前距离（图 7-15 中 $D_{\_Verin}$ 和图 7-15 中 $D_{\_Verout}$）为 2m。

（4）弯道路段行驶稳定性的评价。按照设定的轨迹，开展车辆在弯道的行驶仿真实验。仿真实验时，仿真速度取路段设计速度、实测的路段运行速度或设计速度上浮 20km/h；仿真路面摩擦系数分别取 0.44 和 0.1。

应用仿真结果，根据以下准则进行评价：

①分析侧向加速度指标，如果仿真过程中该指标大于 0.4g，即应将该弯道作为高风险路段，开展安全改善；

②观察仿真反映的车辆驶过弯道过程，如发生明显侧翻、侧滑或实际行驶轨迹偏出路外，即应将该弯道作为高风险路段，开展安全改善。

（5）纵坡路段爬坡性能的评价。在坡度大于 3% 上坡路段开展仿真实验。仿真时，坡底初始速度设定为 30km/h，路面摩擦系数分别取 0.44 和 0.1。

应用仿真结果，根据以下准则进行评价：

①上坡过程中速度下降幅度超过 20km/h，即可认为该弯道行车风险较高，可以考虑采取交通安全改善措施；

②若上坡过程中速度下降至低于 10km/h，即应将该弯道作为高风险路段，开展安全改善。

第8章　农村公路客运线路安全设施与停靠站设置

8.1　农村公路客运线路安全设施设置的原则和要点

山区农村公路客运线路的安全保障实质是农村公路的交通安全保障,以客运车辆安全运行为主要目标。因而,在选择各典型路段交通安全防护技术时,必须以代表客运车辆为防护对象,综合考虑农村公路典型路段各道路几何、车速、环境等影响因素,按照所评价单元安全等级选择合理的交通安全防护措施,减小设施成本,降低交通事故可能性,提高客运安全水平。交通安全防护措施如下。

(1)通过交叉口渠化和增设合理的交通安全管理设施,规范进出交叉口的道路交通流,减少交通冲突点,保障交通安全。

(2)结合沿线路段的实际情况,有选择地设置防护措施,提高路段的安全性能。

(3)通过视线诱导等设施和技术,提高驾驶人安全视距,减少道路交通事故。

(4)利用新技术和新材料,选用低成本的方案来减少农村公路上的交通事故,让农村公路更加安全。

8.1.1　原则

针对农村公路交通事故突发性强的特点和农村公路客运安全所面临的各种典型路段上人、车、路、环境等影响因素,在选定安保工程实施路段的安全防护技术时,要兼顾当前技术水平与资金,根据农村公路典型路段交通安全状况选择适当的安保技术,既能有效保障客运安全运行,又能节约设施成本。

从安保技术及安保方案本身来看,要求所选择的安保措施应该是技术可行、经济合理,适应各典型路段各安全等级下的安全防护需求,并要求突出重点,应加强对客运安全影响特别突出的因素的防护工作。安保措施应适应农村公路使用者的行为习惯,并且在经济较充足时,适当超前,提高防护标准,降低死亡事故率和减少其他交通损失。

从安保技术满足农村公路使用者的期望来看,应能有效地规范、引导不同典型路段上驾驶人的驾驶行为,通常要满足安全停车视距的要求,减少冲突,减小速度差,设计宽容路侧,并加强路侧危险路段安全防护,提高驾驶行为上的操作安全性和心理安全性。

8.1.2　要点

农村公路客运安保工程技术实施典型路段包括:特殊线形路段、路侧险要路段、平面交叉口、街道化路段等,选用相关道路工程技术、交通标志标线、诱导设施、减速设施、防护设施等安全保障技术对各典型路段进行安全设计。

(1)特殊线形路段技术要点。特殊线形路段存在的主要隐患通常是视距不良或车速较快,造成碰撞、翻车或冲出路外等交通事故。

①判断研究路段是否为急弯、陡坡、连续急弯、连续下坡、急弯陡坡等路段。

②设置急弯标志、纵坡标志、限速标志、路面标线等。

③设置减速设施、诱导设施、护栏设施、休息区设施等。

④道路改线,增大转弯半径、加宽路面、合理设计超高。

(2)路侧险要路段技术要点。

①判断研究路段是否为路侧险要等路段。

②设置相关交通标志、标线,如宽路窄桥、错车道、路侧净区等。

③设置减速设施、诱导设施、防撞护栏设施等。

④护栏端部进行立面警示处理。

⑤根据相关规范放缓边坡、设置可跨越式边沟、错车道等。

(3)交叉口安保技术要点。交叉口安保工程方案设计主要从几何安全设计和交通管理安全设计两方面着手。

①交叉口视距。针对农村公路视距不良处交叉口,采取移除或修剪交叉口功能区内树木、建筑物等障碍设置或设置相应的交通标志标线,以改善交叉口视距。

②相交角度。对于相交角度小的农村公路交叉口,主要通过交通管理的方式,合理设置渠化岛以及交通标志、标线来实现交通流的畅通。在地形、地貌条件允许的情况下,应采取调整线形的方法,将小角度 Y 形交叉调整为 T 形交叉,小角度 X 形交叉调整为十字形交叉。

③转弯半径。转弯半径小的交叉口,应采取拓宽转角,并对其进行硬化处理的方式。

④控制方式。根据道路交通量、相交道路等级以及相关标准判断信号控制或停、让控制,并根据车流行驶特征设置导流岛或者渠化标线。

⑤标志标线。按照相关标准合理设置交通标志、标线。

⑥弱势群体保护。设置人行横道、侧分带、中央分隔带、防护设施等保护措施。

(4)街道化路段技术要点。

①控制路侧建筑物、路侧开口和商业活动。

②信息提示,设置村庄警告标志,设置注意儿童、行人等警告标志。

③限制街道化路段车速,设置限速标志或减速标线、减速丘等强制减速设施。

④行人过街保护设施等。

8.2 农村公路客运车辆防护设施碰撞条件

交通运输部建设科技项目《西部农村公路交通安全防控对策研究及安保示范》在大量调研和实地观测的基础上,系统研究了农村公路防护设施碰撞条件,并给出了防护设施的安全防护性能评价标准。其主要结论如下。

8.2.1　碰撞车辆

对 2007—2010 年《道路交通事故统计年报》中农村公路上死亡 10 人以上的特大交通事故中的肇事车型进行分析，分析结果表明肇事车辆中除违法载客的各类货车和超载的小客车或三轮车外，中型客车的比重最大，为 17%，如图 8-1 所示。

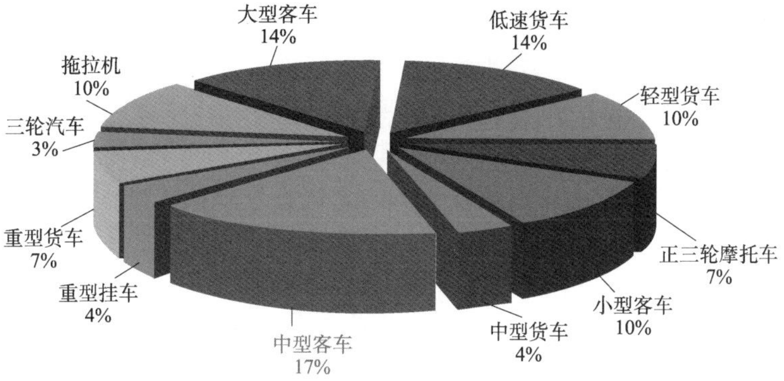

图 8-1　农村公路特大事故肇事车型分布

从预防重特大道路交通事故，尤其是从群死群伤事故的角度上看，中型客车是农村公路中需要重点防护的车型之一。鉴于我国西部农村公路客运车也多为中巴车，因此确定中巴车为西部农村公路安全防护设施开发的碰撞车型之一。

根据《机动车类型术语和定义》(GA 802—2014)，中型客车为车长小于 6000mm 且乘坐人数为(10～19)人的载客汽车。《乡村公路营运客车结构和性能通用要求》(JT/T 616—2016)给出我国农村客运车辆中小于 6m 的中巴车最大允许总质量为 6.8t。考虑到我国广大农村地区的典型情况，中巴车的试验碰撞质量取 6t。

8.2.2　碰撞速度

项目组调查了四川、云南、贵州、重庆四省市车辆运行速度，统计分析了各省市分车型的运行速度及不同运行速度的频率，得出各省市不同车型运行速度 V_{85}，见表 8-1。

不同车型的运行速度(km/h)　　表 8-1

省(市)	小客车	大客车	小货车	大货车	摩托车
四川	50	44	44	43	43
云南	38	38	34	31	29
贵州	48	40	36	36	37
重庆	41	38	36	30	34
平均	44.25	40	37.5	35	35.75

根据日本《护栏设置标准同解说》(1998 版和 2004 版)对碰撞速度取值的解释中说明：车辆的碰撞速度主要取决于运行速度。另外，碰撞时驾驶人采取的制动措施、制动距离和路面状况的不同也会影响车辆的碰撞速度，并按运行速度的 0.8 倍取值为碰撞速度。

参考此原则并从宽容性设计的角度出发，我国农村公路安全防护设施开发过程中碰撞速度直接采用运行速度，采用大（中）客车平均运行速度的40km/h作为我国农村公路的碰撞速度。

8.2.3 碰撞角度

考虑以下因素分析确定碰撞角度问题。

（1）农村公路多小半径弯道，碰撞护栏的交通事故中护栏碰撞角度较大，因此在农村公路护栏试验中应适当增大护栏的碰撞角度。

（2）选取农村公路交通事故案例中车辆直接驶出路外、碰撞护栏、碰撞路侧防撞墩、碰撞路侧房屋等典型的交通事故案例进行碰撞角度的分析。发现碰撞角度大于30°，特别是农村公路多小半径弯道，在车辆碰撞护栏或驶出路外的交通事故中护栏碰撞角度或驶出角度较大。

（3）基于农村公路线形分布，从几何学方面分析山区双车道公路弯道内侧失控车辆在不改变行车方向时撞击外侧护栏时碰撞角度，如图8-2所示。

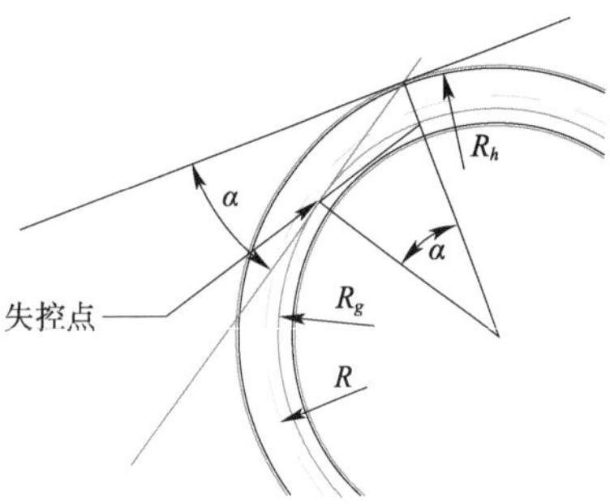

图8-2 弯道上护栏碰撞角度分析示意图

图8-2中 R_g 表示行车轨迹半径，R 表示圆曲线半径，R_h 表示外侧护栏位置曲线半径，从中可以看出，碰撞角度 α 与 R_g 及 R_h 有如下关系：

$$\alpha = \arccos\left(\frac{R_g}{R_h}\right) \tag{8-1}$$

假设车道宽3.5m，即路面宽7m，护栏距硬路肩外侧0.25m，车辆行驶在内侧车道的中心线位置处，根据碰撞角度公式可得到护栏碰撞角度计算表见表8-2。

护栏碰撞角度计算表　　表8-2

R(m)	Rg(m)	R_h(m)	α(°)
20	18.25	23.75	39.79
25	23.25	28.75	36.03
30	28.25	33.75	33.17
35	33.25	38.75	30.90
40	38.25	43.75	29.04
45	43.25	48.75	27.48
50	48.25	53.75	26.15
55	53.25	58.75	24.99
60	58.25	63.75	23.97
65	63.25	68.75	23.07
70	68.25	73.75	22.27
75	73.25	78.75	21.54
80	78.25	83.75	20.88

续上表

R(m)	Rg(m)	R_h(m)	α(°)
85	83.25	88.75	20.28
90	88.25	93.75	19.72
95	93.25	98.75	19.21
100	98.25	103.75	18.74

该项目采用安装 GPS 的道路线形检测车 Gipsi-trac,系统采集了贵州、云南、四川、重庆、北京等部分农村公路的线形数据。数据采集统计结果见表 8-3。

农村公路线形采集基本概况　　表 8-3

地　点	公路编号	线形测试里程(km)	15%位半径(m)
贵州绥阳	C001	9.30	32
贵州绥阳	X308	11.70	72
贵州绥阳	X322	31.80	45
贵州绥阳	X323	39.10	55
贵州绥阳	X324	27.10	77
贵州绥阳	Y003	25.35	58
贵州绥阳	Y004	18.70	41
贵州绥阳	Y019	12.40	45
贵州凤岗	X352	36.51	110
贵州凤岗	X356	46.03	36
云南	X003	31.99	76
云南	X035	53.14	60
重庆	X856	8.67	37.5
重庆	Y007	6.69	22.4
重庆	Y136	8.10	32.9
重庆	Y137	9.57	41.3
重庆	Y139	18.12	37.9
重庆	Y280	7.95	32.8
攀枝花	X001	32.69	41.5
门头沟	X016	26.62	35
平均	—	—	49.415

表中,15%位半径表示调查路上有85%的曲线半径大于该值。取所有调查路段15%位半径的平均值49.415m,对应弯道内侧行驶车辆碰撞外侧护栏的碰撞角度约为26°。

根据基于农村公路典型事故案例的碰撞角度分析结论,结合基于农村公路线形分布的碰撞角度分析结果,并参考国外护栏的碰撞角度值,建议我国农村公路护栏实车碰撞试验中碰撞角度选取 25°。

根据分析该项目确定的中型客车防护设施碰撞条件见表 8-4。

农村公路护栏碰撞条件及防撞性能 表 8-4

等级	碰撞条件			碰撞能量(kJ)	碰撞加速度(m/s^2)	防护能力描述
	碰撞车速(km/h)	车辆质量(t)	碰撞角度(°)			
B(中巴)	42	6	25	≥70	≤200	6t 的中巴以 42km/h 速度行驶,以 25°的角度与防护设施碰撞,防护设施能够安全拦截。超过此速度或行驶角度数值范围,可能发生车辆严重损坏或人员受伤。从预防群死群伤的角度,对于客运线路,建议除了满足现有的碰撞条件,最为推荐规定,建议还需满足此项碰撞条件

该碰撞条件,高于《公路护栏安全性能评价标准》(JTG B05—01—2013)中对一级防护等级,即 C 级护栏对应中型客车的碰撞条件(车辆总质量 6t,碰撞速度 40km/h,碰撞角度 20°),低于该标准二级防护等级,即 B 及护栏对应中型客车的碰撞条件(车辆总质量 10t,碰撞速度 40km/h,碰撞角度 20°)。

结合对山区农村客运车型现状的分析,项目认为碰撞车辆采用车长小于 6m,碰撞质量 6t 的中型客车具有合理性。同时,碰撞速度采用 42km/h,碰撞角度采用 25°,符合农村公路交通的实际情况,且更为安全,因此采用表 8-4 所述碰撞条件作为护栏研发和性能检测的依据。

8.3 农村公路客运线路典型路段安全设施设置方案

8.3.1 急弯路段

8.3.1.1 单个急弯

急弯路段改善的对策主要有提示弯道信息、增大弯道半径、设置禁止超车标志标线、提供视线诱导设施。

(1)道路工程对策。线形改良是交通工程上最有效的提高急弯路段交通安全性的方法之一,针对农村公路上客运安全性差的小半径路段进行改造,调整平面线形,增大转弯半径,加宽急弯外侧路面宽度,根据历史的事故和急弯路段运行车速设计合理超高。公路管理养护部门可对客运线路上的急弯路段危险性进行排序,并分期分批将线形改良列入工作计划。

(2)交通标志。急弯处一般需要减速行驶,并提前预告驾驶人前方道路信息,设置急弯警告标志、慢行警告标志、限速及解除限速标志,并根据视距等情况考虑设置禁止超车标志。急弯警告标志和限速标志如图 8-3 所示。

(3)交通标线。交通标线一般功能是分隔对向行驶车流或指示车道边缘,在配合其他功能如视距确认、减速丘等,还有视距确认标线、减速丘标线、导向标线、路面文字标记、路面图形标记等。其中,路面文字标记、路面图形标记可用在交通量小的路段,如图 8-4 所示。

a)向左急弯路　　b)向右急弯路　　c)限速标志　　d)解除限速标志

图 8-3　急弯警告标志和限速标志

图 8-4　路面文字标记、路面图形标记

(4)交通安全防护设施。

①视线诱导设施。急弯处的视线诱导设施主要包括线形诱导标、轮廓标、示警桩、凸面反光镜、路钉等。设置于急弯路段外侧,指示车辆行驶方向变化趋势,如图 8-5 所示。视线诱导设施辅助驾驶人了解前方道路走向,给驾驶人充足的时间采用相应操作手段沿急弯曲线安全平稳行驶,保障车辆安全运行。

图 8-5　线形诱导标设置

②护栏。急弯处护栏的作用主要是防止车速过快,造成翻车、冲出路外等事故,护栏的设置应根据客运车辆行驶速度、车辆满载质量、急弯处道路几何条件等情况,选择合理的护栏材料、尺寸、设置位置等。

③减速设施。针对交通事故原因以超速为主的急弯路段,应该在急弯前方一定距离采用强制减速措施,降低急弯路段各种车辆运行速度,从而减少其他车辆对客运车辆安全行驶的影响。主要减速设施有减速丘、减速带、减速路面。

8.3.1.2　连续急弯

相邻急弯相互影响增加驾驶操作复杂性,客运安全危险性更高。连续急弯除按照单个急弯路段采取的安全防护措施外,还应综合采用以下措施。

(1)设置连续弯路警告标志,设置位置距连续弯路起点 20 ~ 40m,当连续弯路长度大于 500m 时,应重复设置警告标志,或在此标志下附加文字说明连续弯路长度。

(2)连续弯路路段还可以连续弯路警告标志与限制速度标志组合使用,或连续弯路警告标志与建议速度标志组合使用。

8.3.2 陡坡路段

8.3.2.1 单个陡坡

陡坡路段改善的对策主要有提示陡坡信息、设置禁止超车标志标线、提供视线诱导设施、减小行车速度设施、设置爬坡车道或避险车道等。

(1)道路工程对策。农村公路在设计、建设时受到地形地貌限制,不可避免地出现陡坡路段,通过改造线形的方法来减小坡度,本身是一种经济上不合理的措施,本报告提出陡坡路段安全防护的交通工程对策为设置爬坡车道或避险车道。《公路工程技术标准》未对农村公路爬坡车道和避险车道设置方法作详细规定,采取这种防护措施时,可根据当地路侧环境、车辆运行速度、路面车道数、交通车辆组成状况等条件综合考虑。

(2)交通标志。陡坡路段需减速行驶,并提前预告驾驶人前方道路信息,设置陡坡警告标志、减速设施(包括限速标志、物理减速设施等)、视线诱导设施,并根据视距、路面状况等情况设置禁止超车标志。当设置了爬坡车道或避险车道时,还应按照《公路工程技术标准》设置相应交通标志。

(3)交通标线。陡坡路段交通标线功能是分隔对向行驶车流或指示车道边缘,在配合其他功能如视距确认、减速丘等,还有视距确认标线、减速标线、路面文字标记、路面图形标记等。

(4)交通安全防护设施。

①减速设施。针对陡坡路段下坡车速过快造成的交通事故,应在陡坡前方路段将车速降到合理范围。除了采用限速标志、陡坡警告标志等外,还应在陡坡前方一定距离采用强制减速措施,从而使陡坡路段客运车辆行驶速度在安全范围内。主要减速设施有减速丘、减速带、减速路面。

②护栏。护栏的作用是防止客运车辆翻车、冲出路外造成严重的二次事故,故护栏的设置方法应参考路侧险要路段护栏防护方法。

8.3.2.2 连续下坡

连续陡坡路段车辆空挡滑行或长距离制动导致制动失灵,车辆速度过快容易造成碰撞、追尾、翻车、冲出路外等交通事故。因此,连续下坡路段除了按照单个陡坡路段安全保障方法进行防护外,还应采取以下综合措施。

(1)在连续下坡坡顶以前 20 ~ 40m 处设置连续下坡警告标志和设置辅助标志说明连续下坡路段的长度,并在同一位置处设置限速标志,当连续下坡长度大于 3km 时重复设置。在连续下坡前方路段适当位置设置告示牌,即“前方连续下坡 × × ×m,注意慢行”。

(2)结合事故特性和地形条件设置避险车道,并且在主线上设置避险车道警告标志。当连续下坡路段过长,应设置服务区、停车带、降温池等能供驾乘人员临时休息使用。

(3)根据路侧的危险程度和连续下坡路段历史事故资料设置相应防撞等级的护栏。

8.3.3 急弯陡坡组合路段

急弯陡坡路段上车辆在自身重力作用下速度越来越快,一旦急弯处视距不良容易造成车辆翻车、碰撞或冲出路外事故。在方案处置时,应在急弯前的直线路段采取强制减速措施,并限制陡坡路段车速;禁止超车,施画车道边缘线和道路中心单黄实线(车道数多余2个车道);通过设置告示牌,提醒驾驶人注意前方道路线形状况,从而采用适当驾驶动作。具体综合措施如下。

(1)在急弯陡坡前直线路段上适当位置设置限速标志和强制减速设施,如震荡标线、减速带等,逐步控制车速。设置“前方下坡急弯路段,谨慎行驶”等类似的标志牌提醒驾驶人减速安全行驶。

(2)清理或修整急弯内侧杂草、树木、山体、土堆等障碍物,加宽或硬化路肩,设置轮廓标、警示桩等诱导设施。

(3)陡坡急弯路段路侧施画车道边缘线,有选择地设置立体标线或道钉分隔双向行驶车流,如图8-6所示。

图8-6　路面立面标线设置

8.3.4　长距离路幅过窄路段

长距离路幅过窄路段的防护措施除了按上述路侧防护方法外,当路段长度超过500m时,应设置错车道供车辆会车行驶。

在可视范围内,车道路肩外侧设置一条加宽车道以供车辆避让或临时停车使用。双向交通量相差不大路段宜设置双侧错车道;单侧错车道适用于交通量方向分布系数大于0.85的路段。农村公路错车道设置应考虑路幅宽度、路肩及路侧环境状况等因素,见表8-5。

农村公路错车道设置依据　　表8-5

车道宽度(m)	是否有路肩	是否高路基	是否设错车道
>5	—	—	不设
4~4.5	有路肩	否	不设
	无路肩	是	设单向错车道
<4	有路肩	是	设单向错车道
	无路肩	是	设双向错车道

设置错车道路段,路面宽度不应小于6.5m,有效长度不应小于20m,丁字路口的路面宽度应适当加宽,以提高转弯半径。错车道设置间距根据路段年平均日交通量确定,推荐值300m。设计错车道的几何形式应以客运车形为主,具体形式如图8-7所示。

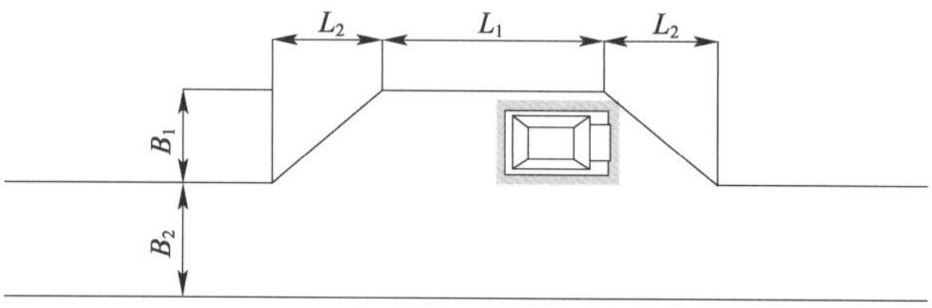

图 8-7　错车道的几何形式

图 8-7 中，L_1为错车道有效长度，不得小于行驶车辆中的最大车长的 2 倍，建议取值为 15m；L_2为错车道渐变宽段长度，不得小于行驶车辆中的最大车长的 1.5 倍，建议取值为 9m；B_1为错车道路面宽度，3.5m；B_2为单车道路面宽度，3 ~4.5m。

根据车辆运行特征可知，错车道距交叉口距离的结果满足表 8-6 的要求。

错车道与交叉口的距离　　表 8-6

设计速度（km/h）	加速行驶距离 L_1（m）	减速行驶距离 L_2（m）	平稳运行距离 L_2（m）	最小间距（m）	最小间距推荐值（m）
40	25	60	89	173	200
30	14	39	67	120	150
20	6	22	44	73	100

8.3.5　路侧险要路段

针对农村公路路基过窄、路肩宽度不足、路侧边坡过大，并且部分路段临崖、临渠等特点，采用的防护措施应能满足三个层次：防止车辆冲出路外、冲出路外的车辆能安全地重新返回路面、避免冲出路外的车辆翻车、坠崖、落入水塘等。通过交通标志、标线、减速设施等安全措施使客运车辆安全、便利地行驶在农村公路上；通过加宽路肩或路肩硬化、放缓边坡、可跨越边沟、清除路侧净区内障碍物等，使驶出车道的车辆能重新返回路面；通过设置防撞护栏，防止车辆坠崖、落入水塘，减轻事故恶性程度。

(1)道路工程对策。农村公路路侧紧邻水渠、农田、坠崖等，通常情况下无法直接加宽公路路面，但是可以适当地修剪路侧杂草等障碍物来加宽路肩，或者路肩硬化，并在地形条件运行情况下放缓边坡、设置可跨越式边沟，这种方法一般能有效地改善交通安全。

(2)交通标志、标线。路侧险要路段可设置告示牌，提醒驾驶人“前方路侧危险，谨慎驾驶”；当设有错车道时，还应设置错车道警告标志。路侧险要路段路面施划车道边缘线，车道数为 2 车道时，还应施画路面中心线。此外，还有视距确认标线、减速标线、路面文字标记、路面图形标记等。

(3)交通安全防护设施。

①诱导设施。路侧险要路段的诱导设施主要有示警桩、轮廓标、路钉等，设置于路段外侧，指示车辆行驶方向变化趋势和车道边缘轮廓，防止车辆驶出路外，保障车辆安全运行。

②护栏。护栏是路侧险要路段重要的防护设施之一，防止冲出路外的车辆坠崖、落入水塘等，减轻事故恶性程度。护栏的设置应根据客运车辆行驶速度、车辆满载质量、路侧路堤高度、路侧净区状况等条件综合考虑，选择合理的护栏材料、尺寸、设置位置等以适应不同防

撞等级的防护要求。

8.4 农村客运招呼站设置技术

专题组在调研基础上，分析了农村客运招呼站设置存在的主要问题，研究了客运车辆进出招呼站的过程、招呼站对主线交通的干扰和影响。在此基础上，从提高招呼站路段安全和效率两方面出发，研究了招呼站的设置位置、几何设计指标和配套安全设施设置技术。

8.4.1 农村客运招呼站设置存在的主要问题

农村客运招呼站又称招呼站，是农村客运站的主要形式，其主要作用是为广大农村出行者安全、舒适地等候客运班车提供基本条件。近年来，随着农村公路的大规模修建和农村客运的快速发展，在政府补贴的帮助下，我国农村公路路侧修建了大量客运招呼站。专题组对典型农村客运线路的调研中发现，农村客运招呼站的设置在方便出行者候车的同时，存在以下问题。

(1)设置位置不当影响主线交通和招呼站自身的交通安全。招呼站大多数由县级运管部门制订建设计划、确定建设补助规模，由县级和乡镇运管部门或乡镇、村屯级政府具体实施建设。在规划、设计、建设过程中，主要考虑土地的征用和农村出行者的便利因素，对设置位置可能对主线交通，特别是交通安全的影响考虑极少，甚至完全没有考虑，从而导致一些设置、设计不合理的情况。常见的有：

①招呼站设置在通视条件较差的位置，主线通行车辆难以及时发现招呼站、候车人和停靠车辆的存在，导致安全隐患。

②招呼站设置在平交口视距三角区、平曲线内侧等影响主线通视的位置，导致主线车辆视线被遮挡，无法及时发现被交道路或对向的来车，导致安全隐患。

③招呼站设置位置与平交口、桥梁、隧道等的相对位置处理不当，导致安全隐患，如招呼站设置在桥头、隧道出口、平交口入口，且没有考虑足够的安全距离等。

(2)招呼站设置普遍缺乏配套的交通安全设施设计。招呼站的设置与公路管理部门道路养护和交安设施完善工程计划缺乏协调，导致招呼站建设投入使用了，指示标志设置、配套的标线设计、路侧护栏的配合等却迟迟不能跟上，有些地区和路段甚至完全没有意识到需要为招呼站设置配套的交通安全设施。

(3)招呼站站内普遍没有考虑候车乘客安全风险的防范问题。我国发生过多起公路主线车辆失控冲撞路侧的客运招呼站导致重大人员伤亡的交通事故，然而对招呼站内候车乘客的保护却从未考虑。

8.4.2 客运车辆进出招呼站过程分析

客运车辆在招呼站范围运行、停靠的微观过程，从客车减速进站到加速离站可以分为六个阶段：变换车道、减速进站停靠、开车门、乘客上下车、关车门和加速离站。

(1)变换车道阶段和减速进站阶段。变换车道是指运行在非招呼站相邻车道的客运车辆，在站点范围之内将要减速停靠时，必须变换到招呼站相邻车道的运行过程。这一阶段并不是所有客运车辆都必经的，对于那些没有到达招呼站范围之前早已经运行在站点相邻车道的车辆，就不需要经历这一阶段。

在此阶段，由于客运车辆变换车道才能进站停靠，不可避免地会与其他交通流产生交织干扰。

减速进站是指客运车辆在招呼站范围之内，从正常运行速度开始减速直到进站停靠静止的运行过程。根据观测，其减速运行可以分为以下两种：

①做匀减速运动直至停车。

②客运车在开始进入站点范围以后，在保证能正确停靠的前提下，先不减速，而是以在路段上的车速行驶，然后在车辆与站台较近的距离内以较大的加速度在短时间内停车。

观测中，由于大多数驾驶员都想尽量减少车辆的停靠延误时间，因此，在实际情况下客运车的进站过程大多为第二种。调查数据表明，客运车辆减速运行速运行时间一般为4～10s。

由于变换车道是减速进站的前期准备阶段，许多情况下，客运车辆变换车道和减速运行是同时进行的。因此，变换车道与减速进站两个阶段可以合称为进站过程。

（2）开车门、乘客上下车与关车门阶段。由于开车门、乘客上下车与关车门三个阶段都是在客车静止停靠的情况下完成的，因此可以合称为停靠过程。

根据调查数据，客运车辆开、关车门的时间一般为1～3s。与乘客上下车时间合称为客运车辆服务乘客的时间。每一位乘客的上下车时间由许多因素决定，包括：

①车门宽度和数量；

②踏步级数和高度；

③售票方式；

④乘客携带行李和包裹数量；

⑤车内拥挤程度；

⑥座位构造；

⑦车内通道宽度；

⑧上、下车乘客混行状态；

⑨路面、路缘石和停车地点的条件与构造。

（3）加速离站阶段。加速离站是指客运车辆在招呼站范围之内，从静止开始加速出站，直至达到正常行驶速度的运行过程。不同形式的招呼站点，车辆出站运行特征不同。

①直接式招呼站。出站的过程较为简单，即客车在上下客结束后从零速启动加速直至达到正常的跟车行驶状态的过程。根据实际的调查情况，在客车加速出站的过程中，驾驶人一般要进行三次换挡才能完成加速出站过程。第一个挡位的车速一般为10～15km/h，时长为2s；第二个挡位的车速一般为20～25km/h，时长为3s；第三个挡位的车速一般为30～35km/h；当客车到达第三挡位车速时即认为加速出站过程结束，车辆进入跟车行驶状态。

②港湾式招呼站。对于港湾式招呼站，由于客运车辆出站时要重新会入相邻车道的直行交通流，使得公交出站过程较为复杂。除了要考虑客车的加速出站过程，还要考虑与招呼站相邻车道的交通状态的影响。一般情况下认为与招呼站相邻的路段车道的直行交通流为优先交通流，招呼站的客运车出站时要让行，但从实际的观察情况看，情况并非如此，由于出

站的公交车争道抢行，迫使路段的交通流减速甚至产生拥塞的情况比比皆是。

8.4.3 招呼站对主线交通的干扰和影响

客运车辆从减速进站和加速离站的六个阶段中的每一个阶段不仅对客运车辆自身的运行产生影响，也对社会车辆的运行产生影响，而且这种影响与招呼站的设置形式有着直接的联系。

(1)客车进站停靠时都要减速行驶，尾随客车运行的车辆也被迫减速或变道，客运车辆的变道穿插对在其后行驶的社会车辆存在干扰；对于直接式招呼站，尾随车辆还不得不变换车道，以避开停靠的客车。

(2)在偏对向车道行驶的客运车辆，运行到站点范围以后必须首先变换到偏本方向车道，将与尾随运行的车辆产生交织，对道路交通流的正常运行产生影响。这个阶段须在较短的运行范围内进行，随着道路交通负荷的增大，这种强制性交织对道路交通流正常运行的影响也变大。

(3)客运车辆在站台停靠等待时，如果是直接式招呼站，则会在路段上产生交通瓶颈，即对于主线其他车辆来说招呼站路段通行能力小于正常路段的通行能力，因此客运车辆停靠时间越长，则对社会车辆运行的影响越严重；如果是港湾式招呼站，且停靠能力满足要求时，对于社会车辆来说招呼站路段通行能力等于正常路段的通行能力，可以认为公交车辆的停靠等待过程对社会车辆不产生影响。

(4)客运车辆离站后需要加速前进，加速过程中其速度低于路段交通流的车速。对于港湾式招呼站，客车不得不重新会入道路正常运行的交通流。当道路交通负荷大时，车辆运行间隙也小，客运车辆加速或超车会入的过程必然对正常运行的交通流产生干扰，降低交通流运行速度。

(5)存在招呼站使用率低的问题。因设置和设计缺陷、维护不及时等问题，一些路段招呼站处于“荒废”状态，使用率很低，广大出行者仍习惯于路侧随意招手停车，存在安全隐患。

8.4.4 形式与分类

客运招呼站按照设置形式分为直接式(图8-8)和港湾式(图8-9)。农村公路一般采用直接式招呼站，有条件的路段也可采用港湾式招呼站。

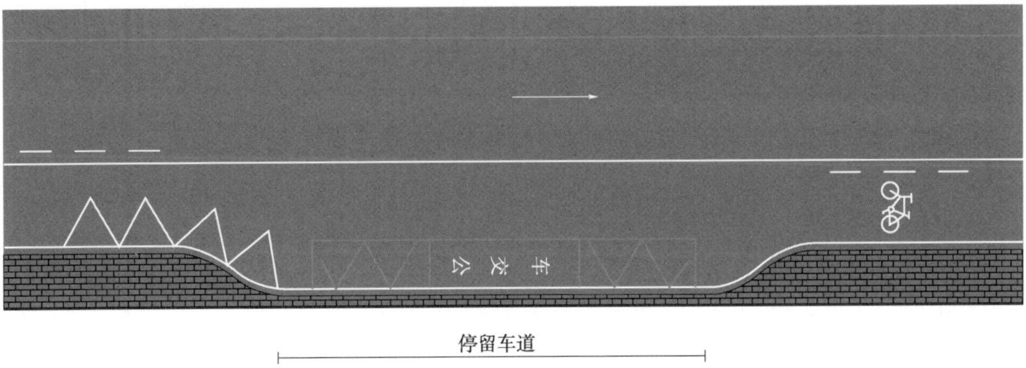

图8-8 直接式客运招呼站

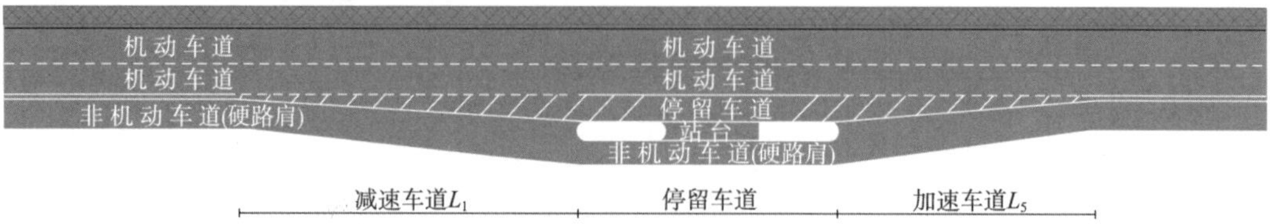

图 8-9　港湾式客运招呼站

8.4.5　设置位置

8.4.5.1　主线线形指标

客运招呼站处公路主线线形的主要技术指标不应低于表 8-7 的数值。

客运招呼站公路主线线形指标最低值　　表 8-7

主线设计速度(km/h)		60	40	30、20
平曲线半径(m)		500	100	65
纵坡(%)		4.5	6	7
竖曲线半径(m)	凸形	6000	700	400
	凹形	3000	700	400

8.4.5.2　选址

客运招呼站选址要求如下。

(1)招呼站设置于平曲线路段时,应保证其上游停车视距范围内通视,确保后续车辆驾驶人能够及时视认进站停车的客运车辆。

(2)招呼站设置于平面交叉口路段时,宜设置于交叉口下游,距离交叉出口缘石转弯半径终点 80～150m,并在交叉口视距三角形以外的地点;条件受限,只能设置于交叉口上游时,必须设置于交叉口视距三角形以外,若存在平面交叉拓宽,宜将客运汽车停靠站与交叉口拓宽路段合并设置。

(3)招呼站应避免设置于连续下坡路段的后半段,条件受限无法避免时,应采取港湾式招呼站形式。

(4)上、下行均设站的站点宜在公路平面上错开,即叉位设站,错开距离不小于停留车道长度。

(5)招呼站不应设置在凹曲线底部,避免雨天积水影响车辆停靠和安全。

(6)招呼站宜与服务区、停车区、观景台等服务设施合并设置。

8.4.5.3　尺寸

客运招呼站的设计尺寸要求如图 8-10 所示。

(1)招呼站的停留车道长度应根据途经路段的线路数量确定,对于只运行一条线路的路段,招呼站停留车道长度不小于线路运营车辆最大车辆总长加前后各 3m 安全距离;对于运行一条以上线路的路段,招呼站停留车道长度不小于线路运营车辆最大车辆总长的 2 倍,并加前后各 3m 安全距离。

(2)招呼站加速车道长度不宜小于 15m,减速车道长度不宜小于以 $1m/s^2$ 为减速度值,由设计速度减速至 0km/h 过程中驶过的距离。

(3)港湾式招呼站的停靠区宽度为 3m。

(4)招呼站站台高度宜采用 0.15 ~ 0.20m。

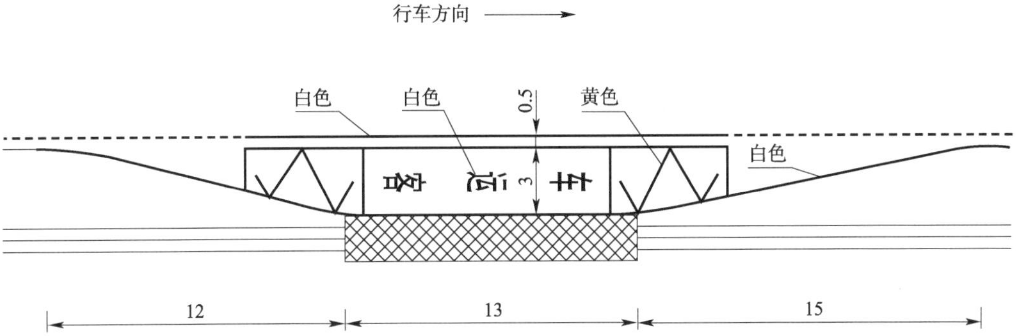

图 8-10　港湾式客运招呼站设计尺寸(单位:m,客运车长 7m)

8.4.6　配套设施

(1)港湾式招呼站配套标线应遵照《道路交通标线》(GB 5768.3)的要求设置。

(2)直接式招呼站具备条件时,配套标线应遵照《道路交通标线》(GB 5768.3)的要求设置,不具备条件时,可按图 8-11 和图 8-12 的方式和样式设置配套标志和标线。

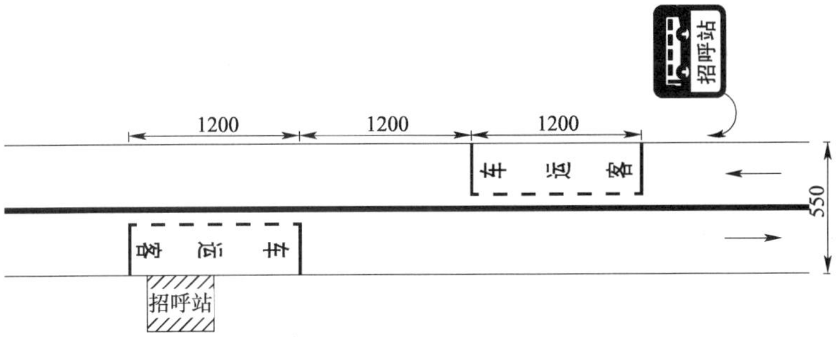

图 8-11　直接式客运招呼站标志标线设置示意图(单位:cm,单车道)

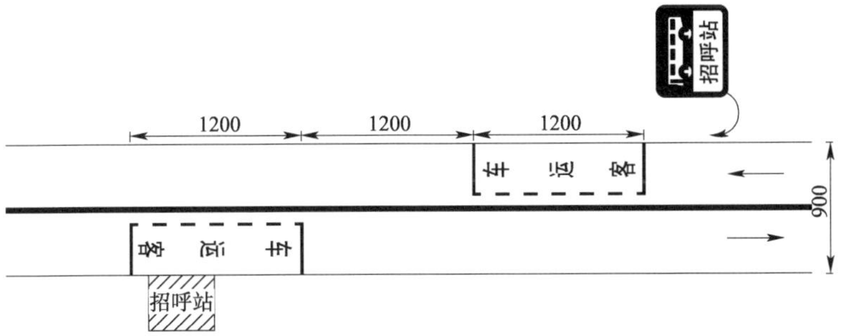

图 8-12　直接式客运招呼站标志标线设置示意图(单位:cm,双车道)

(3)招呼站标线可采用图 8-13 的样式设置。

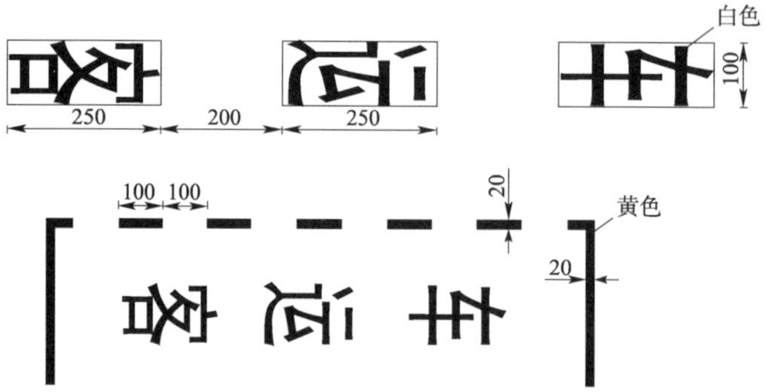

图 8-13　直接式客运招呼站标线设计大样图(单位:cm)

(4)招呼站标志可采用图 8-14 的样式设置。

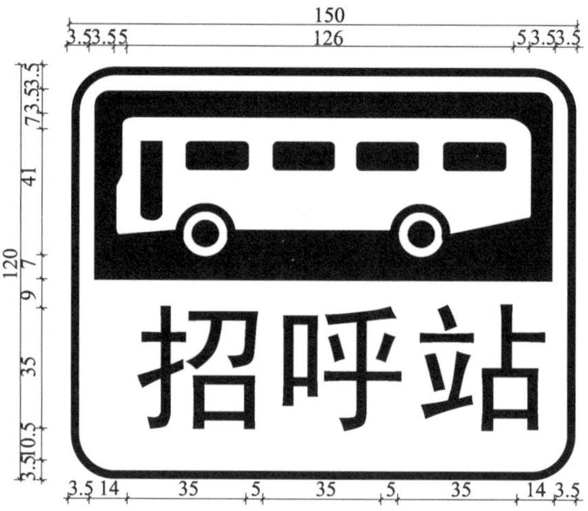

图 8-14　直接式客运招呼站标志设计大样图(单位:cm)

参考文献

[1] Smeed R J. The traffic problem in towns[A]. Manchester Statistical Society Papers[C]. Manchester: Norbury Lockwood,1961.

[2] Oppe. Development of Traffic and Traffic Safety: Global Trends and Incidental Fluctuations [J]. Accident Analysis and Prevention, 1991,23(5):413-422.

[3] Navin,Bergan,Zhang. Road Safety Model. Some Fundamental Ideas. TRB. 1996.

[4] Zegeer CV,Deen RC and Mayers JG. Effect of lane and shoulders width on accident reduction on rural two-lane. Transportation research report 806,1981:33-43.

[5] A. RKaub. Highway corridor safety levels of service based on annual risk of injury. 79th Transportation Research Board Annual Meeting,Washington,DC,2000.

[6] ASSHO. Roadside Design Guide [M]. Washington: American Association of State Highway and Transportation Officials, 2002.

[7] B L. Bowman. Grade Severity Rating System Users Manual[R]. Washington, D. C. : Federal Highway Administration,1989.

[8] DavidK. Whiteford. NCHRP Synthesis 178: Truck Escape Ramps. Transportation Research Board. 1992,5.

[9] Fitzpartick, P. ,M. Wooldridge. Recent Geometric Design Research for Improved Safety and Operations. NCHRP Synthesis 200, Transportation Research Board, Washington, DC,2001.

[10] Lyon et al. ,C. Lyon, J. Oh, B. N. Persaud, S. P. Washington and J. Bared, Empirical investigation of the IHSDM accident prediction algorithm for rural intersections. Transp. Res. Record,1840(2003), 2003:78-86.

[11] AASHTO Strategic Highway Safety Plan. American Association of State Highway and Transportation Officials. Washington, D. C. , 2005.

[12] US. Department of Transportation,Federal Highway Administration. AnIntroduction to Standards for Road Weather Information Systems, July 2002.

[13] Paul A. Pisano. Research Needs for Weather-Responsive TrafficManagement. TRB Annual Meeting,2004:2-6.

[14] Mariusz P, Ismail G Patrick K. Analysis and modeling of an extremely dense fogeven in southern Ontario. Journal ofApplied Meteorology,2004,1:3-16.

[15] Traffic Safety Fundamentals Handbook[R]. Minnesota Department of Transportation,2008, PP. 76. Low Cost Local Road Safety Solutions[R]. The American Traffic Safety Services Association,2006:1-32.

[16] 李杨. 公路路侧安全防护技术与应用研究[D]. 西安:长安大学硕士学文论文,2008.

[17] David James White. Development of a Methodology for Identifying Effective Countermeasures in Regional Safety Management Programs Using a Bayesian Safety Assessment Frame-

work[D]. Georgia: Georgia Institute of Technology,2001.

[18] 刘涛,李晔.区域道路交通安全水平综合评价和预测方法[J].同济大学学报(自然科学版).2005,33(3):311-315.

[19] 朱中,李淑娟.道路交通安全多层次灰关联综合评价[J]. 交通与计算机,1998,16(1):14-17.

[20] 苏澎.农村公路交通安全评价及管理对策研究[D].重庆:重庆交通大学,2010.

[21] 郑恒,李长城,刘煜.基于贝叶斯网络的路侧安全评价方法[J].公路交通科技,2008,25(2).

[22] 唐琤琤,贡锁白.路侧护栏设计[J].公路交通科技,2001:18(3).

[23] 蒋枫.农村公路交通安全设施适用性研究[D].西安:长安大学,2005.

[24] 吴群.低等级农村公路交通安全设计关键技术[D].南京:东南大学,2009.

[25] 耿楠.农村公路交通安全设施设计方法研究[D].南京:东南大学,2010.

[26] 陈春.农村公路安保工程技术研究[D].西安:长安大学,2010.

[27] 国家质量技术监督局.道路交通标志和标线[S].北京:中国标准出版社,2009.

[28] 交通部公路科学研究院.公路交通安全设施设计规范[S].北京:人民交通出版社,2006

[29] 陈荫三,魏朗.公路强制控速安全措施研究[J].公路交通科技,2005,22(10):140-143.

[30] 史小丽.基于交通安全的西部公路线形设计标准研究[D].西安:长安大学,2005.

[31] 上海市工程建设规范 城市道路平面交叉口规划与设计规程(DGJ 08-96-2013)[S].北京:法律出版社,2013.

[32] 过秀成.道路交通安全学[M].南京:东南大学出版社,2001.

[33] 赵恩棠,刘晞柏.道路交通安全[M].北京:人民交通出版社,1990.

[34] 张兴顺,张铁军.基于成本效益最大化的安全保障工程实施方案选择研究[J].公路交通科技(应用技术版),2009(11).

[35] 沈志强,张建军,张高强,等.农村公路低成本安全保障技术研究[J].第二届世界农村公路大会,2010.

[36] 雷明.农村公路安保工程后评价体系与方法[D].西安:长安大学,2010.

[37] 侯荣华.交通项目的经济性分析[M].上海:上海交通大学出版社,2008.

[38] 陆键,张国强,项乔君.公路平面交叉口交通安全设计理论与方法[M].北京:科学出版社,2009.

[39] 公安部交通管理局.中华人民共和国道路交通事故统计公报[J].2001-2012.

[40] 梁祖怀.农村公路安全防控技术研究[D].重庆:重庆交通大学.2011.

[41] 交通部公路安全保障工程技术组.公路安全保障工程实施技术指南[S].北京:人民交通出版社,2007(2).

[42] 王万洪.基于出入耦合的路面结构动力分析[D].北京:北京交通,2008.

[43] PIARC Technical Committee on Road Safety (C13). Road Safety Manual[M]. Paris: World Road Association, 2003.

[44] 苏东兰.高原农村公路安全评价及交通安保技术研究[D].西安:长安大学,2011.

[45] 杨轸.行车动力仿真模型研究[D].上海:同济大学,2004.

[46] 林涛. 山区公路曲线段车辆加速度及轨迹研究[D]. 上海:同济大学,2008.

[47] 任园园. 公路弯道路段行车危险区域及驾驶行为模型研究[D]. 长春:吉林大学,2011.

[48] 陆有江. 基于 ADAMS 的大客车侧倾稳定性试验仿真模块开发[D]. 西安:长安大学, 2009.

[49] L. Segel. Research in the fundamentals of automobile control and stability[J]. Transactions of the Society of Automotive Engineers, 1965, 65: 527-540.

[50] 张海南. 大客车空气悬挂部件对侧倾稳定性影响的仿真研究[C]. 2010 年中国客车学术年会论文集,陕西科学技术出版社,2010.

[51] 雷兵兵. 客车操纵稳定性动力学模型的研究[D]. 西安:长安大学,2000.

[52] 杨英. 大客车操纵稳定性动力学模型研究[D]. 西安:长安大学,2002.

[53] 张浩. 客车操纵稳定性及其控制策略研究[D]. 长春:吉林大学,2012.

[54] 许言. 基于 Trucksim 的营运客车底盘性能动力学建模与仿真评价[D]. 长春:吉林大学,2012.